Rudolf R. Knirsch
Kommt mit, wir machen was!

Rudolf R. Knirsch

Kommt mit, wir machen was!

Das Umweltbuch für alle, die mit Kindern leben

Illustration: Gabi Höppner

Ökotopia Verlag, Münster

Impressum:
Autor: Rudolf R. Knirsch
Illustration, Titelgrafik und Gestaltung: Gabi Höppner
Druck: Druckwerkstatt, Münster
Satz und Herstellung: SATZWERKSTATT Dieter Lehnert, Münster

© 1990 by Ökotopia Verlag, Münster
2. Auflage 1991

Fotonachweis:
Dahmen, Mechernich (S. 33); Fahrenberger, Dreieich (S. 21, S. 27,
S. 47 unten, S 60); Natur in Hessen, hrsg. vom
Hess. Minister für Landwirtschaft, Forsten und Naturschutz,
Wiesbaden, Nov. 1985 (S. 35); Dorferneuerung in Hessen,
Hess. Minister für Landwirtschaft, Forsten und Naturschutz,
Wiesbaden, 1986 (S. 104); Nationalparkverwaltung Berchtesgaden
(S. 114 oben); Yossi Leshem, Tel Aviv (S. 100);
Tschappkar, Buntes Dorf, Wien (S. 53 und 57).
Alle weiteren Fotos von Regina und Rudolf R. Knirsch.

Dieses Buch wurde auf garantiert chlorfreiem, umweltfreundlichem Papier gedruckt.
Im Bleichprozeß wird statt Chlor Wasserstoffperoxid eingesetzt. Dadurch entstehen
keine hochtoxischen CKW (Chlorkohlenwasserstoff)-haltigen Abwässer.

Gefördert von der

**Stiftung
Hessischer
Naturschutz**

CIP-Kurztitelaufnahme der Deutschen Bibliothek
Kommt mit, wir machen was! : Das Umweltbuch für alle, die mit Kindern leben
/ Rudolf R. Knirsch [Illu.: Gabi Höppner]. – Münster: Ökotopia, 1992
ISBN 3-925169-27-X
NE: Knirsch, Rudolf [Mitverf.]; Höppner, Gabi [Ill.]

Inhalt

Jedes Lebewesen hat einen Lebensraum

Es gibt für uns nur diese eine Erde

Anhang

Wenn ich 53 Minuten übrig hätte ...

„Guten Tag", sagte der kleine Prinz.
„Guten Tag", sagte der Händler.
„Ich habe eine höchst wirksame durststillende Pille für dich. Man schluckt jede Woche eine und spürt überhaupt kein Bedürfnis mehr zu trinken."
„Warum verkaufst du das?" sagte der kleine Prinz.
„Das ist eine Zeitersparnis", sagte der Händler. „Die Sachverständigen haben Berechnungen angestellt. Man spart dreiundfünfzig Minuten in der Woche."
„Und was machst du mit diesen dreiundfünfzig Minuten?"
„Man macht damit, was man will ..."
„Wenn ich dreiundfünfzig Minuten übrig hätte", sagte der kleine Prinz, „würde ich ganz gemächlich zu einem Brunnen laufen ..."

aus: Saint-Exupéry, Der Kleine Prinz, Karl Rauch Verlag KG, Düsseldorf

Unsere Mitwelt

Bei Gesprächen über Probleme unserer Umwelt werde ich manchmal gefragt: „Ja, was sollte i c h tun?" „Was kann i c h machen?"

Ich habe darauf nur eine sehr direkte Antwort: „Ich weiß nicht, was Sie in dieser oder jener Sache tun sollten. Aber ich weiß eines: Was Sie tun, das sollte in Einklang mit den Elementen der Natur, in Harmonie zu den Dingen I h r e r Umwelt stehen."

Das ist sicherlich leicht gesagt. Doch: Was soll man auch jemandem sagen, der sonntagnachmittags auf der Terrasse genüßlich bei Pflaumenkuchen, Obsttorte und gekühltem Orangensaft zum ‚Mörder' an Bienen, Wespen und Hummeln wird, weil eben diese Tiere den süßen Genuß mit ihm teilen möchten. Was der Betroffene wiederum gar nicht vergnüglich findet. So sinnt er auf Abhilfe. Und am Ende haben Dutzende oder Hunderte Bienen und Wespen ihren naturgegebenen Süßhunger mit dem Leben bezahlt. Unser Freund – Mensch wie Du und ich – betrachtet mit Stolz das Ergebnis seines Tuns.

Ermahnungen, Ratschläge oder Hinweise, wie wichtig und nützlich Bienen, Wespen und andere Insekten für die Natur und damit für uns selbst sind, nützen nur selten. Sie bewirken kaum ein verändertes Verhalten. Doch, was tun? Den Menschen einfach weiter morden lassen?

Ist es jemand, den Sie gut kennen, so sollten Sie ihn bitten, Ihnen eine Viertelstunde seines Lebens zu schenken. Eine lumpige, kleine Viertelstunde! Er wird stutzen und zögern, aber schließlich zustimmen. Denn: Was ist schon eine Viertelstunde, wird er vielleicht denken.

Setzen Sie sich mit ihm an den Rand einer blühenden Wiese und beobachten sie gemeinsam, was sich da so tut. Ohne Kommentar. Einfach dasitzen, schauen und hören.

Es werden vermutlich 15 lange Minuten werden. Vielleicht fällt Ihrem Partner der Sammeleifer der Insekten auf. Oder es beeindruckt ihn, daß weder Bienen noch Wespen oder Hummeln von ihm Notiz nehmen, ihn völlig unbelästigt lassen. So, als sei er gar nicht da! Es könnte sein, daß sich dann in ihm etwas zu bewegen beginnt. Vielleicht! Dann hätte er für sich e i n Fenster zu den lebenswichtigen und manchmal auch geheimnisvollen Zusammenhängen in der Natur geöffnet.

Vielleicht denken Sie: Ist das nicht ein bißchen weit hergeholt?

Sicherlich kennen Sie den einförmigen Einheitsrasen in Parks und vielen Vorgärten. Er erinnert an Golfplätze und Parkanlagen bei Schlössern, und das erinnert an Reichtum und Ordnung. Auch in der Natur gibt es Ordnung – wenn auch in der Vielfalt. Eine Wiese, ein- oder zweimal im Jahr gemäht, ist eine solche geordnete Vielfalt.

Vielleicht haben Sie schon einen Teil Ihres Gartens zu einer Ökowiese werden lassen und freuen sich jedes Jahr aufs Neue über das, was da so alles ohne Ihr Zutun zum Wachsen und Blühen kommt. Man muß der Natur nur die Chance geben.

Ich habe einen Teil meines 400 Quadratmeter großen Gartens zu einer herrlichen Ökowiese werden lassen. Sie ist eine Augen- und Insektenweide. Meine Nachbarin pflegt das übliche Einheitsgrün. Was lag da näher, sie für etwas ökologisch Wertvolles zu gewinnen?

Der erste Versuch scheiterte vollständig. Unkraut im Garten wachsen lassen! Welch eine Zumutung! Im darauffolgenden Jahr erbat ich mir zum Geburtstag einen Quadratmeter des Rasens als Öko-Ecke. Diesen Wunsch abzulehnen fiel meiner Nachbarin wirklich schwer. Doch der altgewohnte Ordnungssinn siegte.

Im dritten Jahr versuchte ich es wieder. „Dieses Jahr noch nicht", meinte sie. „Vielleicht nächstes! Ich komm mal rüber und schaus mir an." Wollte sie mich vertrösten?

Sie kam wirklich und bewunderte die Kuckuckslichtnelken und das Johanniskraut und roch sogar daran. Damals blieb im Nachbargarten eine Ecke bis in den Juli, bis zur Aussamung ungemäht. Sie ist seitdem um einiges gewachsen.

Es braucht ein wenig Mut. Denn: „Was werden die Nachbarn denken?" Dieser Gedanke läßt viele von uns immer wieder zögern. Doch: „Was werden unsere Kinder einst über uns sagen, wenn wir nicht bei uns, mit ihnen und heute anfangen?"

Verhalten zu verändern, braucht wirklich Zeit und bedarf vieler kleiner Schritte - bei einem selbst und bei anderen.

Seit der Mensch die Erde belebt, versucht er, von ihr Besitz zu ergreifen, sich die Erde untertan zu machen. Dabei geht es darum,

- sich zu ernähren und die vorhandenen Schätze für das Überleben auszubeuten;
- für Nachwuchs zu sorgen;
- sich gegen Gefahren zu schützen, die von Naturgewalten, von Tieren und von anderen Menschen ausgingen;
- sich zu bilden und das so erworbene Wissen, die ent-

wickelten Fähigkeiten und Fertigkeiten an die Nachkommen weiterzugeben.

Hinzu kommt in unserer Zeit: Den Planet Erde mit all seinen Reichtümern zu schützen, damit auch unsere Kinder und Kindeskinder sich ernähren, für Nachkommen sorgen, sich bilden und überleben können. Wissenschaftler des Instituts für Pädagogik der Naturwissenschaften in Kiel sind der Frage nachgegangen: Welche Einflüsse sind die Ursache für umweltfreundliche Einstellungen und Handlungsweisen? Einige der Ergebnisse sind für jene, die mit Kindern aktiv etwas machen möchten, sehr interessant:

– Wenn Eltern den Umgang mit Lebewesen sowie den pfleglichen und sparsamen Umgang mit Sachen und Gütern anregen und vorleben, wächst bei Kindern das Bedürfnis nach Informationen. Aus diesem Bedürfnis heraus kommt es verstärkt zur Teilnahme an kommunalen Umweltaktionen, man ernährt sich biologisch und ist sparsam im Umgang mit Energie und Rohstoffen.

– Frühe Kindheitserfahrungen schlagen bis ins Alter durch. Sie wissen: Was Hänschen lernt, braucht Hans nicht mehr zu lernen.

– Naturerlebnisse wecken Neugierde nach zusätzlichen Informationen über Umwelt.

Es ist Absicht dieses Buches, Eltern und Großeltern, ErzieherInnen, JugendleiterInnen und LehrerInnen – die an veränderten, umweltgerechteren Einstellungen und Handlungen von Kindern und Jugendlichen interessiert sind – ein wenig Hilfe zu geben. Wir zeigen Ihnen einige Wege, wie Sie mit der Gruppe, in der Familie und mit anderen Familien über Spiele und Experimente Zugang zu ökologischen Grundeinsichten und zur Umwelt finden können. Sie erfahren dabei in Ausschnitten, wie wir als winziges Teilsystem Mensch eingebunden sind in das vernetzte Gesamtsystem unserer Erde. So wird es leichter, umweltgerecht zu entscheiden und zu handeln. Oder, was häufig sinnvoller wäre: statt zu handeln etwas zu u n t e r l a s s e n !

„Das Gute ist, so viel steht fest,
zumeist das Böse, das man läßt!"

Leitlinien und Öko-Konzept

Wir möchten Sie mit „Acht Geheimnissen des Lebens"
vertraut machen, auf die Sie immer wieder stoßen werden.
Es sind Bausteine zu einem ganzheitlichen und ökologischen
Sehen, Denken und Handeln. Sie zu kennen und zu verstehen heißt für Sie und Ihre Kinder, mit grundlegenden ökologischen Zusammenhängen des Lebens auf der Erde vertraut
zu werden.

Die Wirklichkeit um uns ist komplex. Mit Spielen und Experi-
menten wollen wir sie Ihnen in Ausschnitten verständlich
machen. Dies geschieht über die Grenzen von Wissen-
schaftsfächern hinweg. Umwelt ist ein vernetztes, unteilbares
Ganzes. Das gilt auch für die nachstehenden Leitlinien.
Jedes der sieben Kapitel des Buches wird mit einer kurzen
Geschichte zum Lesen oder Vorlesen sowie mit einem kleinen
Spiel und manchmal auch mit einem Lied eingeleitet. Diese
Texte wollen einstimmen, Ihnen und den Kindern auf unter-
schiedliche Weise sagen, worum es geht.

Vielfalt: Unterschiede und Gemeinsamkeiten

Vielfalt ist eine Grundvoraussetzung für erfolgreiches Leben und Lernen, da nie ein einziger Weg die vorhandenen Möglichkeiten voll ausschöpfen kann.

Im Verlauf der Milliarden Jahre dauernden Entwicklung der
Erde entstand eine unvorstellbare Vielfalt an Lebensformen.
Sie unterscheiden sich durch Größe, Farbe, Form und Struk-
tur, haben aber auch Gemeinsamkeiten.

Muster als Ordnungssysteme

In Mustern wird die Ordnung natürlicher und künstlicher Dinge sichtbar.

Das Denken in Mustern ist für den Menschen im allgemeinen
vorteilhaft und lebenswichtig. So werden Gemeinsamkeiten
und Unterschiede zu Mustern zusammengefaßt, so z. B. bei
Schneekristallen, Flußsystemen, Verkehrsregeln, Hausformen
und Siedlungen.

Wechselwirkungen und gegenseitige Abhängigkeiten

Auf der Erde hängt alles mit allem zusammen! Wird im Lebensnetz ein Strang unterbrochen, ist das ganze Netz betroffen.

Es gibt auf der Erde keine Dinge und Ereignisse, die nicht
irgendwie miteinander verbunden bzw. sogar voneinander
abhängig sind. Wechselwirkung und gegenseitige Abhängigkeit besteht in der Familie, in einer Lebensgemeinschaft,
in Schule und Betrieb, besteht zwischen einer Elektrizitätsge-
sellschaft und ihren Kunden. Auch Nahrungsketten sind Ab-
hängigkeitsketten.

Stetigkeit und Veränderung

Leben ist etwas Beständiges und zugleich das Ergebnis einer Vielzahl von Veränderungen.

Stetigkeit und Veränderung gehen Hand in Hand. Alles auf
der Erde ist einer ständigen Veränderung unterworfen. „Alles

ist in Bewegung", meinten die Griechen schon vor zweitausend Jahren.

Entwicklung und Anpassung

Über Entwicklung und Anpassung sucht jede Art optimal zu überleben.

Jedes Lebewesen hat seinen Lebensraum, muß für ihn gerüstet sein, um zu überleben. Doch kein Tier, keine Pflanze blieb im Laufe der Entwicklung unverändert, sieht heute so aus wie einst entstanden.

Wenn sich die Umweltbedingungen verändern, müssen sich die Lebewesen anpassen, das heißt in ähnliche Formen einnischen. So nisten einzelne Vögel mangels Bruthöhlen in Briefkästen oder in Schalen von Verkehrsampeln. Gelingt einer Art die Anpassung oder die Abwanderung in gleich gebliebene Räume nicht, stirbt sie aus.

Kreisläufe

Die Güter der Erde sind begrenzt und müssen sparsam genutzt und möglichst oft wiederverwendet werden.

Zu den wichtigsten Baustoffen des Lebens auf der Erde zählen Wasserstoff, Sauerstoff, Kohlenstoff, Stickstoff, Phosphor und Schwefel. In komplexen Kreisläufen, von der Sonne angetrieben und in Bewegung gehalten, zeigt uns die Natur, daß diese Baustoffe immer wieder aufbereitet und verwendet werden.

Energie-Umwandlung

Die Sonne liefert die Energie für alles Leben auf der Erde.

Alle lebenden Arten verbindet ein Prozeß: die Photosynthese. Leben, wie es heute auf der Erde besteht, konnte sich erst entwickeln, nachdem höhere Pflanzen, Farne, Moose und Algen mit Hilfe der Lichtenergie der Sonne, durch Aufspalten und damit Abbau des giftigen Kohlendioxids den lebenswichtigen Sauerstoff freizusetzen vermochten.

Lebensgemeinschaften

Der Mensch ist Teil der Lebensgemeinschaft Erde und untrennbar mit ihr verbunden.

Eine Lebensgemeinschaft setzt sich aus unterschiedlichen Pflanzen, Tieren und Menschen in unterschiedlicher Zahl zusammen. Sie sind einerseits voneinander abhängig, andererseits leben sie nebeneinander ohne Nutzen oder Schaden füreinander. Sie alle leben in einem bestimmten Teil der Erde, wo sie ihre Lebensbedürfnisse an Sonnenenergie und Nährstoffen befriedigen können.

Tips für alle, die mit Kindern leben

Mit einigen Hinweisen zur Benutzung dieses Buches und praktischen Tips – die nicht Anspruch auf Vollständigkeit erheben – möchten wir Ihnen die Umweltarbeit mit Kindern erleichtern.

- Für einige im Buch vorgeschlagene Spiele und Experimente sind mehr als 3 oder 4 Teilnehmer erforderlich. Sie finden sicherlich Bekannte und Verwandte, die mitmachen möchten. Verabreden Sie sich doch zum nächsten Wochenende. Und Spaß machts mit mehreren obendrein. Andere überreden mitzumachen, ist eine wichtige Aufgabe für Umweltfreunde.

- Um die Experimente durchführen zu können, brauchen Sie einiges Material. Das meiste findet sich im Haushalt oder läßt sich leicht besorgen. Einige Dinge werden Sie nur in einem Spezialgeschäft kaufen können. Besprechen Sie sich doch mit Ihren Freunden, dann wirds billiger.

- Lassen Sie die Kinder erzählen, was ihnen einfällt. Begegnungen mit der Natur sind keine Abfrage- sondern Erlebnisstunden.

- Jüngere Kinder konzentrieren sich besser, wenn sie die Augen schließen und sich beim Vorleser ankuscheln können. Für sie müssen Sie sich besonders viel Zeit nehmen.

- Über Motivieren und Anspornen können Sie eine Grundlage für Zusammenarbeit schaffen – statt Wettkampf mit Siegern und Verlierern. In der Praxis wird gefragt: Wo steht der dickste, der dünnste Baumstamm, statt: Wer findet ...

- Führen Sie mit Ihren Kindern ein Tagebuch (s. auch "Unsere Umwelt entdecken", S. 95). Sehr gut eignet sich ein Schnellhefter, dem Sie beliebig neue Blätter zufügen können.

- Lassen Sie immer Lupe, Fotoapparat, Taschenmesser, kleine Sammelbehälter, Notizblock und/oder Kassettenrecorder mitnehmen, auch auf dem kleinsten Erkundungsgang. Schießen Sie Fotos bei all Ihren und der Kinder Aktivitäten.

- Wenn Sie im Rahmen einer Aktivität Informationen von einer Behörde oder einer Organisation einholen, beziehen Sie möglichst immer Ihre ganze Familie mit ein.

- Für Experimente am Wasser sollten Sie Gummistiefel, Ersatzsocken und -hose dabei haben. Man kann nie wissen! Denn Kinder wären keine Kinder, wenn sie nicht...

- Wenn die Kinder nach Aktivitäten wie „Ferkel" aussehen, dann hatten sie auch eine Menge Spaß dabei.

- Lernen Sie mit Kindern, für Kinder, für sich selbst und für unsere Umwelt.

Eine Erkundungswanderung wird zum Abenteuer der Entdeckungen am Wegesrand

Erkundungswanderung gegen Hammelherde

Wanderungen, Ausflüge mit Kindern! Viele Eltern können ein Lied davon singen. Und häufig ist es ein Klagelied über die Unlust, das Gemaule und Gezanke und, und, und … . Kinder haben im allgemeinen wenig Lust, ohne für sie erkennbaren Sinn mit ihren Eltern so durch die Landschaft zu … (Na, Sie wissen schon, was ich meine.) Denn meistens dürfen die Kinder nicht mitentscheiden, sie sind nicht mitverantwortlich. Und Interesse erwächst nun mal aus übernommener Mitverantwortung.

Machen Sie es deshalb anders! Unternehmen Sie mit den Kindern mal einen „Ganz-früh-morgens-Spaziergang". Eine Stunde vor Sonnenaufgang sollten Sie starten. Sie werden eine veränderte Umwelt erleben. Wenn Sie etwas ganz Ausgefallenes machen wollen, organisieren Sie gelegentlich mal eine kürzere oder längere Erkundungswanderung.

„Aber", werden Sie fragen, „was ist das? Was ist eine Erkundungswanderung?"

Eine Erkundungswanderung hat zwei Hauptmerkmale:

1. Die Kinder suchen im Gelände – je nach Alter – mit Hilfe von Karte, Stadtplan, Kompaß, Wegemarkierung oder einer von Ihnen angefertigter Wegebeschreibung vorher ausgewählte Anlaufpunkte. Sie sollten nicht zu weit voneinander entfernt sein: höchstens ein paar hundert Meter.

Die Teilnehmer an der Erkundungswanderung müssen an

Eine Erkundungswanderung macht Spaß und hilft, Umwelt zu entdecken und besser zu verstehen.

jedem Anlaufpunkt neu entscheiden, wie es weiter geht. Sie wissen dabei nicht bis ins Letzte, ob sie richtig entscheiden und den richtigen Weg gewählt haben. Dabei wird eine Spannung wirksam. Mit jedem erreichten Punkt erhalten sie eine Bestätigung. Sie erleben ihr Handeln als selbstbestimmt. Auch dann, wenn sie falsch entschieden und sich ein Stück verlaufen haben.

2. An den Anlaufpunkten sollen die Teilnehmer einen Sachverhalt erkunden. Da gilt es, einen Ameisenhügel oder eine Hecke in der Feldflur zu beobachten, einen alten Grenzstein zu finden und die Inschrift zu entziffern und tausende andere Dinge.

Die Erkundungswanderung ist keine Rallye, bei der es nach der Uhr geht. Sie läßt ausreichend Zeit, auch kleine und unscheinbare Dinge am Wegesrand zu entdecken. Probieren Sie es mal! Je gründlicher Sie die Wanderung vorbereiten, desto erfolgreicher wird sie ablaufen. Ich habe Hunderte von Kindern damit begeistern können.

Wo gehts nun wirklich lang? Jeder ist gefragt!

Vielfalt für erfolgreiches Leben

Im Vielfaltland

Es war einmal ein wunderschönes Vielfaltland mit Bergen und Tälern, Wäldern und Wiesen, Bächen und Flüssen. Da lebten Bienen und Schmetterlinge, Eichhörnchen und Füchse, Mäuse und Fische und viele andere Tiere und unzählige Pflanzen.

Hier wohnten die Vielfaltleute, die mit den Tieren und Pflanzen lebten. Sie halfen mal da, mal dort. Sie putzten Mäusehöhlen aus, paßten auf die Spechtjungen auf und polierten den Bienen und Fliegen die Flügel. Es war ein emsiges Treiben im Vielfaltland. Zur Belohnung für ihr Hegen und Pflegen durfte sich jeder am Ende des Monats etwas wünschen.

Damit sie auch mal für sich sein konnten, hatten die Vielfaltleute das Land unter sich aufgeteilt. Einer von ihnen, der Wusel, bewohnte ein Gebiet, in dem es alles gab: ein Stück Wald, eine schöne bunte Wiese, einen Bach und einen Teich. Er freute sich jeden Tag über die vielen Vögel, die bunten Blumen, über die Wasserkäfer und den Specht, der ihn jeden Morgen mit hellem Klopfen begrüßte.

Auch Wusel half, wo es etwas zu helfen gab. Doch eines Tages wurde ihm das alles zu langweilig. Er störte sich an diesem und jenem: Die Blätter der Bäume nahmen ihm zu viel Licht, die Bienen summten zu laut, die Vögel flogen zu wild, das Gras auf der Wiese wuchs zu dicht und das Wasser war ihm zu kalt. Täglich ärgerte er sich über etwas anderes.

Schließlich kam sein Wunschtag. In seinem Ärger sprach er: „Dingel, dangel, deck, ich wünsch mir alles weg! Für mein ganzes Land, möchte ich nur Sand!"

Da gab es ein Rauschen und Grummeln und dann war alles verschwunden – bis auf den Sand.

Wusel war zufrieden. Er tanzte vergnügt im Sand herum – bis in den späten Abend. Ganz müde wollte er schlafen gegen. Doch seine Baumwurzelhöhle war nicht mehr da. „Was solls", dachte er bei sich, „im Vielfaltland sind die Nächte ja warm genug." So legte er sich einfach in den Sand und schlief tief und fest in den nächsten Morgen.

Die Sonne stieg höher und höher und es wurde immer wärmer. Wusel gefiel das anfangs sehr. Nach einer Weile hätte er etwas Schatten gebrauchen können. Aber den gab es nicht mehr. Denn alles, was zuvor Schatten gegeben hatte, war verschwunden. Wusel bekam Hunger. Doch er fand seine Beerensträucher nicht mehr. Als er trinken wollte, vermißte er den Bach und als er schwimmen wollte, fehlte ihm der Teich. Mit niemandem konnte er sprechen, denn auch seine Bienenfreunde summten nicht mehr, und das Klopfen des Spechts war verstummt.

Die Tage vergingen. Anfangs besuchte Wusel seine Nachbarn. Sie sprachen mit ihm, gaben ihm zu essen und zu trinken. Als er aber immer wieder kam, meinten sie: „Du hast doch dein eigenes Land. Warum bleibst du nicht dort?"

Auf dem Weg zurück traf Wusel die Bienen und fragte sie: „Warum kommt ihr nicht mehr?"

„Du hast keine Blumen für uns", antworteten sie.

Er fragte auch die Käfer: „Warum kommt ihr nicht mehr zu mir?"

„Du hast keine Wiese mehr, wo wir Nahrung finden und uns verstecken können. Wir bleiben lieber hier."

Und die Spechte blieben weg, weil sie keine Bäume mehr fanden, in denen sie Höhlen bauen konnten.

Allen, die der Wusel noch fragte, fehlte etwas. Langsam begriff er, was er angerichtet hatte und warum keiner mehr in seinem Land leben konnte. Was sollte er tun? Wusel überlegte lange. Schließlich bat er einen Nachbarn um Rat.

„Ich kann dir leider nicht helfen", sprach er. „Aber am Ende des Monats hast du ja wieder einen Wunsch frei."

Bobos, Lichis und Uitis – Sind wir ähnlich, gleich oder anders?

Absicht:

Spielend und kreativ die für das Leben so bedeutsamen Worte „übereinstimmen", „ähnlich" und „unterschiedlich" anwenden können. Dabei werden Sie immer wieder auf deutlich erkennbare Muster oder Strukturen stoßen und außerdem auch das Wahrnehmen über die Sinnesorgane schärfen.

Teilnehmer:

mindestens drei

Material:

gleiche und unterschiedliche, möglichst dünne Trinkgläser

Verlauf:

Füllen Sie die gleichen Gläser unterschiedlich hoch mit Wasser und die unterschiedlichen Gläser gleich hoch mit Wasser. Schnippen Sie mit dem Fingernagel leicht gegen den oberen Glasrand. Sie können auch mit dem befeuchteten Zeigefinger am Glasrand entlangfahren. Vergleichen und unterscheiden Sie die entstehenden Töne.

Wenn Sie die Familie dafür gewinnen, können Sie auf diese Weise sogar „Hausmusik" machen. Probieren Sie es mal! Es kann einen Heidenspaß machen.

1. Variante:

Jeder sammelt am Waldrand, im Garten und in der Küche ein oder zwei Gegenstände, die einen kräftigen Geruch verströmen (Nadeln von Douglasien, Waldmeister, harziges Rindenstück; Zwiebel, Knoblauch, Petersilie; Zimt, Zitrone und anderes). Diese Dinge kommen in eine Tüte, damit die anderen Teilnehmer sie nicht sehen können.

Bilden Sie eine Runde. Bis auf einen haben die anderen die Augen verbunden. Dieser gibt Ihnen seinen Gegenstand in die Hand. Sie müssen alles, was Sie von ihm über den Geruchs- und Tastsinn wahrnehmen können, beschreiben und so viel wie möglich erzählen; auch welche Erinnerungen sich damit verknüpfen. Dann wird von den anderen überlegt, was es sein könnte. Zum Schluß können ähnlich und unterschiedlich riechende Dinge zusammengelegt werden.

2. Variante:

– Die Figuren in Abbildung 1 haben in der ersten Reihe alle ein bestimmtes Merkmal gemeinsam. Nennen wir sie Lichis. Dieses Merkmal fehlt den Figuren der zweiten Reihe. Welche Figuren der dritten Reihe sind Lichis?

– Die Bobos der ersten Reihe in Abbildung 2 haben sogar drei übereinstimmende Merkmale gemeinsam. Sie fehlen den Figuren der zweiten Reihe. Welche Figuren in der dritten Reihe sind Bobos?

– Sie können noch viele Bobos, Lichis und Uitis erfinden – so lange es Spaß macht!

Abbildung 1

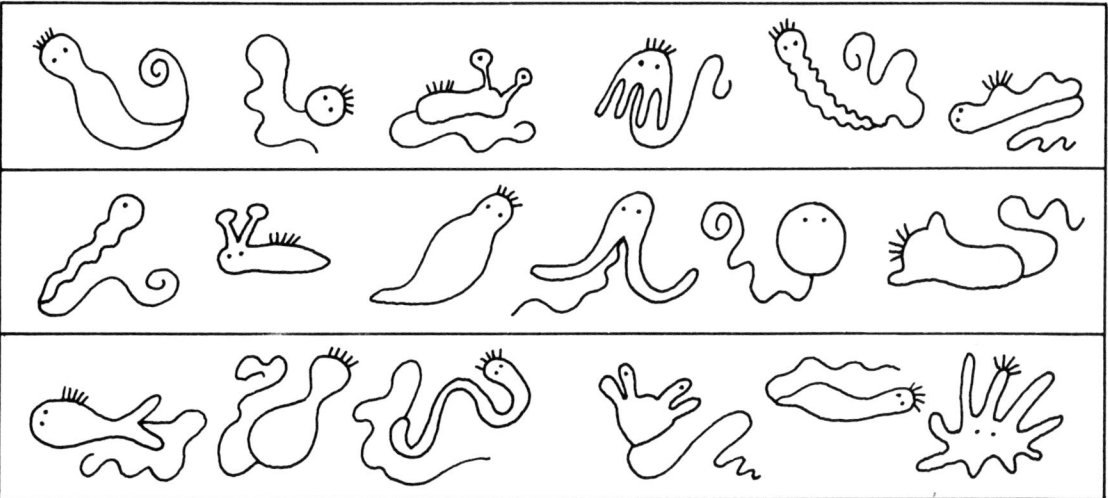

Abbildung 2

19

Die große Jagd

Nur ein Zapfen. Er macht neugierig – wie dieser Schnappschuß verrät.

Wieviele Jahre leben Sie schon an Ihrem jetzigen Wohnort? Zehn? Zwanzig? Oder noch länger? Ohne Zweifel kennen Sie sich bestens in Ihrer Umwelt aus. Ob es da für Sie noch etwas zu entdecken gibt?

Ich war nach 15 Jahren in einer kleinen ländlichen Gemeinde überzeugt, alles Wesentliche gesehen zu haben. Bis ich eines Tages – einfach nur zum Ausspannen – in Gummistiefeln querfeldein lief und da und dort ein wenig verweilte. Dabei entdeckte ich zahllose interessante Kleinigkeiten, für die ich bislang kein Auge gehabt hatte. Und vor dem nächsten Gang war ich schon gespannt: Was würde ich diesmal finden?

Danach ging ich mit allen Sinnen und mit dem Fotoapparat „Auf große Jagd", an der sich seitdem die Familie, gelegentlich auch Freunde und Bekannte beteiligen. Auch an Kindergeburtstagen haben wir Erfolg damit.

Und manchmal heißt es bei Verabredungen: „Vergeßt die Gummistiefel nicht!"

Absicht:

Wir wollen Sie neugierig machen für Dinge, an denen Sie sonst achtlos vorübergehen. Dabei werden alle Sinne gefordert, um Unterschiede und Ähnlichkeiten zu erkennen. Sie können sich so ein eigenes Ordnungssystem schaffen.

Material:

Für jeden Teilnehmer bzw. jede Gruppe einen Schuhkarton oder eine größere Dose als Sammelbehälter sowie eine Lupe, Schreibunterlage, Bleistift, Kugelschreiber, Kärtchen (etwa halbe Postkartengröße), Plastiktüte für Müll.

Dauer:

30 bis 60 Minuten

Teilnehmer:

mindestens drei; bei einer größeren Zahl sollten Sie Zweier- oder Dreiergruppen bilden.

Ort:

Wählen Sie ein leicht erreichbares Gebiet in Ihrer Umgebung ohne besondere Gefahrenstellen aus. Achten Sie bitte darauf, daß es überschaubar und leicht abgrenzbar ist. Die Kinder sollten möglichst alle Gegenstände in der Natur wiederfinden können. Passen Sie Größe und Zahl der zu suchenden Dinge dem Leistungsvermögen der Kinder an.

Wir bereiten die Jagd vor

An einem Tag mit gutem Fotolicht gehen Sie im ausgewählten Gebiet auf Fotojagd. Kinder, die mit einem Fotoapparat umzugehen wissen, sollten Sie an der Vorbereitung beteiligen. Alles, was mit Sicherheit zwei bis drei Wochen später wiedergefunden werden kann, wird fotografiert: Bachlauf mit Kiesbank und Steilhang, Teich, Kiesgrube, Steinbruch, Hecke, Felsen, Brücke, umgestürzter Baum, Jagdsitz, Entwässerungsgraben, verschiedene Bäume aus unterschiedlichen Blickwinkeln, Baumstumpf, Windwurf, besondere Baumwuchsformen und -wucherungen, Stauden, steile Böschung und anderes mehr.

Lassen Sie von den Fotos Abzüge machen und verteilen Sie die Abzüge gleichmäßig auf die Sammelbehälter. Es empfiehlt sich, die Bilder durch eine Folie vor Feuchtigkeit zu schützen. Jeder Teilnehmer bzw. jede Gruppe bekommt unterschiedliche Aufnahmen. In jedem Behälter sollte ein Bild sein von

- auffälligen natürlichen und/oder vom Menschen gemachten Objekten in der Landschaft,
- einem Gewässer,
- einem Baum und
- einer Besonderheit.

Sammeln Sie für jede Gruppe in einem Behälter folgende Dinge, ohne etwas abzureißen, abzubrechen oder zu zerstören:

Ich wünsche dir, daß das Kleine und Unscheinbare für dich groß und bedeutsam werde.

Der ungenießbare und übelriechende Tintenfischpilz ist ein besonderes Jagdobjekt – aber nur für die Kamera.

– abgefallene Blätter und Nadeln verschiedener Bäume,
– Samen bzw. Samenhülsen mehrerer Pflanzen,
– Rinden, Steine, Bodenproben.

Fertigen Sie für jede Gruppe einen Satz „Tastkarten" in etwa halber Postkartengröße mit folgenden Begriffen an: wuschlig, stachlig, kratzig, uneben, glatt, flaumig, dürr.

Geben Sie den Teilnehmern die Sammelbehälter vor der Jagd, damit sie sich mit den Gegenständen vertraut machen und gegebenenfalls fragen können. Lassen Sie die Behälter und ihren Inhalt zur besseren Unterscheidung durch selbstgewählte Merkmale (Nummern, Farben, Namen) kennzeichnen.

Verlauf:

– Gehen Sie mit den Kindern ins ausgewählte Gebiet. Lassen Sie die Sammelbehälter an einem zentralen Punkt abstellen und von dort aus auf die Jagd gehen.

– Wenn die Kinder etwas Passendes gefunden haben, bringen sie es zu ihrem Behälter zurück.

– Die Fotos werden im Jagdgebiet zu den abgebildeten Gegenständen gelegt. Am Schluß sollten sich die Teilnehmer gegenseitig zu diesen Plätzen führen.

– Ermutigen Sie die Kinder, alle gesammelten Gegenstände nach einem von den Kindern selbstgewählten System zu ordnen, das nach gemeinsam-ähnlichen und gleichen Merkmalen unterscheidet. Lassen Sie hier den Kindern freien Raum, auch wenn Sie selbst eine bessere Lösung anbieten könnten.

Wichtig! Die gesammelten Gegenstände werden am Ende an den Fundort zurückgebracht. Denkt daran: Die „Große Jagd" ist ein Suchspiel und kein Rennspiel.

Knusprig

	weich	knusprig	zusammen-gedrückt	stachlig	uneben	glatt	wuschlig
weich							
knusprig							
zusammen-gedrückt							
stachlig							
uneben							
glatt							
wuschlig							

Ist Boden wirklich gleich Boden?

Für viele Stadtkinder ist Boden oder Erde, wie man land-
läufig sagt, etwas, auf die man sich im Park manchmal legen
darf. Für andere ist Boden mit Blumenerde identisch, die man
im Plastikbeutel kauft, um den Blumenkasten auf dem Balkon
zu füllen. Für manche ist es einfach Dreck. Und für Sie?
Vielen Menschen ist es unvorstellbar, daß Erde als etwas
Wertvolles zu den wichtigsten Rohstoffen für unser Leben
zählen soll. Schauen Sie doch mal eine Handvoll Walderde
an. Nach einem ersten, flüchtigen Blick werden Sie glauben,
etwas ohne Leben, etwas Totes in der Hand zu haben. Beim
näheren Hinsehen, vielleicht auch mit Hilfe einer Lupe,
werden Sie und die Kinder staunen, was sich da alles bewegt.

Ein gesunder Boden ist voller Leben! Er enthält eine kaum
vorstellbare Zahl von Bodentieren, unter denen der Regen-
wurm zu den Riesen, Bakterien zu den kaum erkennbaren
Winzlingen (Mikro-Organismen) gehören.

Böden sind das Ergebnis vielfältiger Prozesse. Sie hängen
ab vom Gestein, aus dem sie entstanden sind. Sie werden
vom Klima geformt, das im Laufe der Jahrtausende auf sie
einwirkte. Sie werden ganz entscheidend davon beeinflußt,
wie der Mensch mit ihnen umgeht.

Absicht:

Mit Hilfe einer naturwissenschaftlichen Arbeitsweise können
Sie und die Kinder bei Böden Unterschiede im Tierleben

**Eine handvoll Boden kann
mehr Lebewesen enthalten als
Menschen auf der Erde leben.
Er kann aber auch tot sein.**

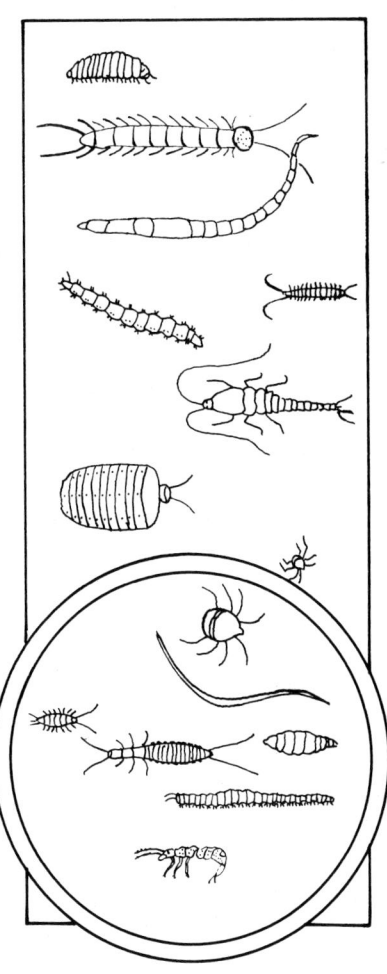

feststellen und Vermutungen über die Bodenqualität anstellen.

Material:

Lupen, eventuell Käferbox mit Lupe; für zwei bis drei Teilnehmer eine Schüttelbox (Kaffeedose mit Deckel, Boden herausgeschnitten und Öffnung mit einem Stück Apfelsinen- oder Mandarinennetz bespannt); eine kleine Schaufel; zwei Gefäße, die ein bis zwei Liter fassen; für je zwei Teilnehmer ein ca. ein Meter langes Stück alte Tapete oder Computerpapier

Ort:

Wald, Acker

Verlauf:

– Ihr nächster Spaziergang sollte Sie in einen Laubwald und an einen Acker führen. Entnehmen Sie im Wald und auf dem Acker – wenn möglich aus einer Traktorspur – aus zehn Zentimeter Tiefe etwa einen Liter Boden. Der Boden darf nicht zu feucht sein.

– Schütteln Sie die Bodenprobe durch das Schüttelsieb auf die Tapete, ebenso den Rest auf ein extra Stück. Suchen Sie mit einer Lupe nach Lebewesen und Pflanzenresten.

– Untersuchen Sie den Boden an Ort und Stelle, um ihn danach wieder an die Entnahmestelle zurückgeben zu können. Achten Sie darauf, daß Tiere nicht zu Schaden kommen.

– Alle Beobachtungen sollten im Umwelt-Tagebuch festgehalten werden. Versuchen Sie auf jeden Fall, Antwort auf die Frage zu erhalten, ob Boden wirklich gleich Boden ist?

– Unterschiede in der Zahl der gefundenen Lebewesen können mit Hilfe einer einfachen Balken-Grafik hervorgehoben werden.

Leben im Boden

Walderde		Ackererde	
Tiere	Pflanzenreste	Tiere	Pflanzenreste

Mini-Nationalparks gibt es überall

Über Fernsehen sind wir mit der ganzen Welt verbunden. So können wir immer wieder die Wunder der Erde in die Wohnstube holen: Wir blicken am Grand Canyon in die riesige Schlucht des Colorado, wir bestaunen Geysire und heiße Quellen und bewundern die Riesenbäume. Man möchte eigentlich viel näher dran sein. Nicht so bei den Alligatoren in den Sumpfgebieten Floridas und den Löwen in der Etosha Pfanne in Namibia.

In vielen Staaten – so auch in der Bundesrepublik Deutschland – stellten die Politiker große Gebiete mit besonderen Naturschönheiten oder erhaltenswerten Ökosystemen unter Schutz. Sie sollen so vor Zerstörung durch den Menschen bewahrt und für unsere Kinder erhalten bleiben. Es begann 1872 in den USA mit dem Yellowstone-Nationalpark. Inzwischen bestehen weltweit mehr als 2.000 solcher Schutzgebiete.

In den Nationalparks helfen gut ausgebildete Führer (Ranger), Geheimnisse der Natur zu verstehen. Die Besucher lernen dabei vieles kennen, an dem sie sonst achtlos vorübergegangen wären.

Für die meisten von uns liegen diese Nationalparks jedoch zu weit entfernt, um mal schnell hineinschauen zu können. In unserer näheren oder weiteren Umgebung fehlen aber Landschaften mit vergleichbaren Attraktionen. Und doch gibt es sie überall – im Kleinen. Man muß diese Mini-Attraktionen nur zu finden wissen.

Stellen Sie sich vor, Sie stoßen mit Ihren Kindern auf der Suche nach so einem Mini-Nationalpark auf einen kleinen, frisch aufgeworfenen Erdhaufen. Sie kramen in Ihrem Schulgedächtnis nach und wissen, daß Sie hierfür den Maulwurf verantwortlich machen müssen. Vielleicht erinnern Sie sich auch noch, daß der bei Gärtnern und Landwirten wenig beliebte Kerl unterirdische Gänge gräbt und mit Vorliebe Insektenlarven und Regenwürmer frißt.

Doch was bedeutet das alles gegenüber dem Erlebnis, so einen Erdhügel wachsen zu sehen? Was läßt sich daraus für eine spannende Geschichte machen – ohne Lexikonwissen und Bestimmungsbuch, nur aufgrund der eigenen Beobachtung und mit ein wenig Nachdenken und Phantasie.

Mini-Parks sind eine kleine Welt für sich. Wenn die Begegnung mit dieser Welt die Neugierde der Kinder nach mehr Informationen über dieses und jenes weckt, dann sind dem Wissensdurst kaum Grenzen gesetzt.

Wissensdurst ist Medizin für unsere Umwelt!

Nur ein Baumstumpf – ein Minipark in der Natur und ein Wunder zugleich

Absicht:
Wir möchten Sie ermutigen,
– sich mit Kindern Zeit zum Entdecken und Beobachten von Wundern in der Natur zu nehmen;
– der Phantasie etwas freien Lauf zu lassen.

Teilnehmer:
mindestens drei bis vier; vorteilhaft sind Zweier-Gruppen

Material:
ein ca. zwei Meter langer, roter Wollfaden; fünf Stöckchen oder Party Picker; Lupe; Bleistifte und Schreibunterlage je Gruppe; Arbeitsblatt

Ort:
überall

1000 Mini-Parks für jeden!

Verlauf:
– Erzählen Sie den Kindern etwas über Nationalparks, über die Nationalpark-Idee und die in den Parks arbeitenden Ranger.
– Suchen Sie sich auf einem Spaziergang, im Garten oder irgendwo Ihren eigenen Mini-Nationalpark und umgrenzen Sie ihn mit dem roten Faden.
– Schlüpfen Sie aus Ihrer Mensch-Perspektive. Hocken Sie sich hin. Machen Sie sich so klein wie möglich. Stellen Sie sich vor, als Mini-Wesen selber Teil jener Mini-Landschaft zu sein.

27

– Entdecken Sie dann aus diesem veränderten Blickwinkel die Besonderheiten Ihres Parks. Beobachten Sie genau die belebten und unbelebten Dinge. Versuchen Sie, möglichst mit allen Sinnen wahrzunehmen.

– Bringen Sie die Dinge zueinander in Beziehung und finden Sie Abhängigkeiten und Wechselwirkungen.

– Überlegen Sie auch, wie Wärme, Kälte, Licht, Schatten, Feuchtigkeit und Trockenheit das Leben in Ihrem Park beeinflussen oder verändern könnten. Lassen Sie die Kinder einfach Geschichten ausdenken.

– Machen Sie sich bewußt, daß Tiere und Pflanzen im Mini-Nationalpark unter den gleichen Bedingungen leben wie in den Nationalparks. Und manches läßt sich auch auf das menschliche Leben übertragen.

Achtung vor der Natur setzt Vertrautsein mit ihr voraus!

Auswertung:

Zeigen Sie das Entdeckte und Beobachtete den anderen. Führen Sie sie als Ranger durch Ihre Mini-Welt und erzählen Sie ihnen von den Besonderheiten. Dabei kommt es weniger auf fachbegriffliches Bestimmen an. Lassen Sie der Phantasie freien Lauf. Da kann ein Maulwurfshaufen zum höchsten Berg Ihrer Mini-Welt werden, durchzogen von unterirdischen Gängen. Eine Blüte wird zum Schlaraffenland für alles was da kreucht und fleucht. Eine Pfütze erscheint als Meer voller Leben. Eine Ritze zwischen den Gehsteigplatten wird zu einer Oase inmitten einer Steinwüste. Eine spannende Geschichte gibt es über ein Wolfsmilchgewächs zu erzählen. Dessen Stengel sind häufig von Blattläusen übersät, die mit

Miniparks öffnen den Sinnen und der Phantasie Tür und Tor.

28

Ameisen einen Arbeitsvertrag (Symbiose) zu gegenseitigem Nutzen abgeschlossen haben.

Wenn Sie das eine oder andere besonders Auffällige auch benennen können, werden sich die Kinder den Namen wahrscheinlich leicht merken. Besonderheiten können Sie auch in Wort und Bild festhalten. Ihr Mini-Nationalpark sollte einen treffenden Namen erhalten.

So können Sie Ihren Minipark mit nach Hause nehmen.

Mein Mini-Park

So heißt mein Mini-Park:

In meinem Mini-Park gibt es einige ganz besondere Dinge:

So sieht mein Mini-Park aus

Alles hängt mit allem zusammen

Was wird aus Onkel Pedros Weide?

Onkel Pedro war gestorben und hatte seinen drei Söhnen als
Erbe die Weide und neun gesunde und fette Schafe hinter-
lassen. Die Weide war sehr groß und hatte hohes saftiges
Gras. Die drei Brüder waren sich sofort einig. Jeder von
ihnen erhielt drei Schafe. Die Weide aber nutzten sie gemeinsam. Antonio gab seinen drei Schafen blaue Hals-
bänder, Felipe gab seinen grüne und Joaquin gab seinen
Schafen rote Halsbänder.
Die Schafe lebten auf der Weide, aßen auf der Weide und
düngten die Weide. Der Regen fiel auf die Weide, löste den
Dung auf und und verleibte ihn der Erde ein. Die Erde, gut
genährt, ließ das Gras immer wieder nachwachsen. Die
Weide und die Schafe waren miteinander im Gleichgewicht.
An den Nachmittagen molken die Brüder mit ihren Frauen
ihre Schafe und trugen die Milch in der Kanne heim. Diese
Milch erhitzten sie, gaben die nötigen Gärstoffe hinzu,
ließen sie gerinnen, preßten sie vorsichtig, salzten und
formten sie und stellten sie zum Lüften auf den Dachboden.
Die Bergluft reifte diese Käse, die ganz köstlich waren. Auf
dem Markt verkauften sie sich sehr gut. Jedes Ehepaar verdiente gutes Geld an dem Käse.
Im Frühjahr warf jedes Schaf ein Lamm. Sobald die Lämmer
von den Mutterschafen entwöhnt waren, trugen die drei

Brüder sie zum Markt. Und jedes Ehepaar bekam für seine Lämmer einen guten Preis.

Kam der Sommer, schor jeder seine Schafe. Die Wolle trugen sie zum Waschplatz. War sie gewaschen und getrocknet, wurde sie ausgekämmt, gesponnen, eingefärbt und verwebt. Aus den Stoffen, die weich und warm waren, machten sie zwei Stapel. Einen behielten sie, um daraus Kleidung für sich selbst zu machen. Den anderen brachten sie zum Markt. Jedes Ehepaar verdiente gutes Geld mit den Wollstoffen.

Eines Nachts sprachen Antonio und seine Frau beim Abendessen miteinander. Die Frau, die sich für sehr gescheit hielt, sagte: „Ich glaube, Mann, wir sollten noch ein Schaf auf der Weide haben. Wir hätten dann mehr Käse, mehr Lämmer und mehr Wolle. Es wird auch nicht auffallen. Wir aber würden mehr verdienen." Antonio dachte, daß er wirklich eine kluge Frau habe. So kam es, daß am nächsten Tag zehn Schafe auf der Weide waren. Die Frau von Felipe und die Frau von Joaquin bemerkten aber sehr wohl, daß es jetzt vier Schafe gab, die blaue Halsbänder trugen, und sie sprachen am Abend mit ihren Männern.

Da gab es am nächsten Tag anstatt zehn Schafe zwölf auf der Weide. Jedes Schaf konnte jetzt ein bißchen weniger fressen und gab natürlich weniger Milch, hatte weniger gute Wolle und brachte etwas kleinere Lämmer zur Welt. Auf alle Fälle verdienten die drei Brüder aber mehr als im Jahr zuvor. Sie waren so zufrieden damit, wie die Geschäfte liefen, daß … ja, daß eines Tages anstelle von 12 jetzt 15 Schafe auf der Weide waren.

Und nun begann etwas Trauriges. Die 15 Schafe hatten wenig Gras zu fressen und litten ständig unter solchem Hunger, daß sie die Wurzeln herausrissen. Doch auch so wurden sie nicht satt. Sie wurden immer magerer. Kaum gaben sie noch Milch, und das bißchen, war nicht gut. Kaum gaben sie noch Wolle, und das bißchen war kurzfaserig und sehr brüchig.

Und als die Jahreszeit kam, in der sie Lämmer zur Welt bringen sollten, gebaren viele Schafe gar keins. Und die wenigen, die geboren wurden, waren so schwächlich und kränklich, daß sie nicht lebensfähig waren.

Nach ein paar Wochen starben auch die Schafe. Die drei Brüder kamen zusammen, um die toten Tiere zu begraben. Die Weide war eine Wüste. Kein Grashalm lugte aus der Erde hervor.

„Was können wir tun?" fragten sich die Brüder.

Was würden Sie tun?
Es gibt verschiedene Wege.
Wenn Ihnen nichts einfällt:
Maria Puncel bietet in ihrem
Buch „Was wird aus Onkel
Pedros Weide" drei Lösungen
an.

(verkürzter Auszug aus: „Was wird aus Onkel Pedros Weide?", M. Puncel/Teo Puebla, Neuer Finken-Verlag, Oberursel, 2. Aufl. 1987)

Umwelttanz – Alles hängt mit allem zusammen

Absicht:

Mit diesem einfachen Spiel
– wird einsichtig, wie vielfältig Dinge miteinander verbunden sind;
– lassen sich Umwelt-Begriffe verständlich machen.

Teilnehmer:

10 bis 20

Ort:

Überall, wo Sie sitzend oder stehend einen Spielkreis bilden können.

Material:

Irgendeine Sitzgelegenheit für drei Personen

Verlauf:

– Alle Mitspieler stellen sich in einem Kreis auf, der auch eine Sitzgelegenheit für drei Personen einschließt. Auf den mittleren Platz setzt sich ein Teilnehmer und sagt ein ihm aus der natürlichen Umwelt wichtig erscheinendes Wort (z. B. Garten).

– Zwei Teilnehmer, denen ein passendes Wort einfällt, setzen sich rechts und links neben ihn (z. B. Rasen und Ökowiese). Wer kann, sollte sein Wort mit dem ursprünglichen (Garten) in einem Satz verbinden (z. B.: Unser Garten hat einen schönen Rasen. Oder: Unser Garten ist eine kleine Ökowiese, die wir nur zweimal im Jahr mähen.). So bringt sich jeder nach bestem Wissen und Können ein.

Der in der Mitte sitzende Teilnehmer überläßt jenem seinen Platz, der die ihm passendste Beschreibung gebracht hat. Er kann seine Entscheidung ebenfalls in einem Satz kurz begründen (z.B.: In einer Ökowiese können mehr verschiedene Tiere und Pflanzen leben als in einem gepflegten Rasen.). Dann geht der ehemals Mittlere mit dem anderen (Rasen) in den Kreis zurück.

– Der nun in der Mitte Sitzende (Ökowiese) wiederholt sein Wort. Darauf könnten „Insekten" und „Boden" folgen.

– Das ganze läßt sich beliebig oft wiederholen. Doch sollte möglichst jeder einmal mitgemacht haben.

Bewußtsein läßt sich auch durch Sprache beeinflussen.

Anmerkung:

Erwachsene könnten bei diesem Spiel Worte entlarven, die unbequeme Wirklichkeiten verschleiern, wie beispielsweise „Pflanzenschutzmittel".

Achtung:

Achten Sie bitte darauf, daß jeder Teilnehmer einmal drankommt.

Die Öko-Waage verhält sich wie die Natur: Wird ein Baustein bewegt, verändert sich das Ganze.

Landschaft aus Zauberhand

Absicht:

Die Kinder
– erleben bei diesem einfachen Versuch, wie durch einen scheinbar zufälligen örtlichen Eingriff es an anderen Stellen zu Veränderungen kommt und dabei auffällige Muster entstehen;
– lernen verstehen, was Wechselwirkungen und Abhängigkeiten sind und wie sie sich in der Natur zu einem Gleichgewicht einpendeln können.

Material:

ca. 40 x 40 cm große Platte aus Glas, Plexiglas oder Sperrholz; ein Eimer voll trockenem, feinkörnigem Sand

Verlauf:

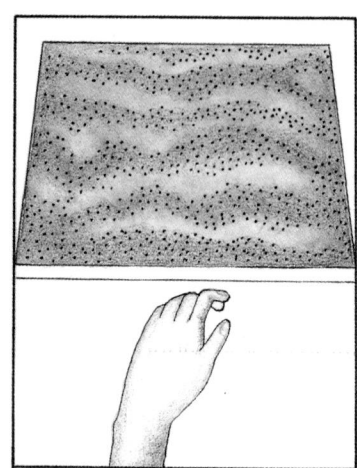

– Lassen Sie die Platte zwischen zwei Hocker frei auflegen, so daß Sie mit der Hand bequem von unten gegen die Platte klopfen können, ohne daß sie herunterfällt.
– Schütten Sie trockenen Sand unregelmäßig verteilt auf die Platte und klopfen Sie an einer Stelle von unten rhythmisch gegen die Platte.
Wenn Sie den Klopfpunkt nicht ändern, entsteht nach einer Weile wie von Zauberhand geschaffen eine fantastische gegliederte Mini-Landschaft. Sie bleibt auch bei weiterem Klopfen weitgehend stabil; sie hat ein Gleichgewicht mit den auf sie einwirkenden und ordnenden Kräften erreicht.

Was ist geschehen?
Durch das rhythmische Klopfen entstehen Schwingungen, die sich linienförmig ausbreiten. Entlang dieser Linien kann sich der Sand nicht halten; es entstehen Täler. Zwischen den Linien, wo die Platte nicht vibriert, häuft sich der Sand dagegen zu Mustern an.

Was bedeutet das für uns und unsere Umwelt?
Überall dort, wo Menschen in die von der Natur geschaffenen Systeme massiv eingreifen, stören sie die bestehende Ordnung, das bestehende Fließ-Gleichgewicht. Kostspielige Maßnahmen sind dann notwendig, um die dabei entstehenden Schäden für den Menschen in Grenzen zu halten. Wenn Sie sich umschauen, finden Sie hierfür überall Beispiele.

Könnt ihr euch vorstellen, wie diese Landschaft ausgesehen haben mag, bevor sie der Mensch umformte, das natürliche Fließ-Gleichgewicht veränderte?

Das Lebensnetz-Spiel

Alles auf der Erde hängt mit allem zusammen! Wie leicht sagt man das! Doch wie wenig denken wir bei unserem Handeln an diese grundlegende ökologische Einsicht. Denken Sie schon beim Umgraben des Gartens daran, wenn Sie das Unterste nach oben bringen, daß Sie das für die Fruchtbarkeit so wichtige Bodenleben nachhaltig und empfindlich stören? Sind Sie sich beim Kauf von Mahagoni-Möbeln der weltweiten Wirkungen bewußt, die das großflächige Abholzen tropischer Regenwälder langfristig verursacht? Haben Sie und Ihre Kinder beim Kauf von Trinktüten die Mülllawine mit all ihren Folgen für die Umwelt und damit für jeden von uns vor Augen?

Die Biosphäre, unser Lebensraum, umfaßt eine Vielzahl natürlicher Ökosysteme wie Wald, Wiese, Bach, See, Teich und Moor. Jedes System besteht aus zahllosen miteinander vernetzten Bausteinen. Was sich innerhalb der Systeme abspielt, ist noch nicht bis ins Letzte erforscht. In diese Systeme greift jeder von uns in vielfältiger Weise ein und verändert sie. Wir denken und entscheiden dabei linear. Wir lassen das komplexe Gefüge von Abhängigkeiten und Wechselwirkungen der Ökosysteme weitgehend außer acht: Wir stauen Wasser, um Energie zu gewinnen, wir bauen Straßen, um schneller voran zu kommen. Wir richten riesige Tierfarmen ein, um die Fleischproduktion zu erhöhen. Doch wir berücksichtigen nicht oder nicht ausreichend die verzweigten, vernetzten Reaktionen, die jede Entscheidung auslöst.

35

Absicht:

Mit diesem Spiel können Sie Kindern
- die gegenseitigen Abhängigkeiten und vielfachen Wechselbeziehungen zwischen allen Lebewesen sowie die Abhängigkeit allen Lebens von Sonnenlicht, Luft, Wasser und Boden deutlich machen.
- zeigen, daß das Herausnehmen eines Bestandteils den Zustand des Netzes verändert, eine Art Kettenreaktion auslöst, die das bestehende Fließ-Gleichgewicht stört.

Teilnehmer:

6 bis höchstens 12

Material:

Ein Knäuel Schnur (mindestens 50 Meter lang); leere Kärtchen (DIN A 6); Büroklammern zum Befestigen der Kärtchen; Filzschreiber

Verlauf:

- Lassen Sie alle Teilnehmer für einen ausgewählten Lebensraum ihnen wichtig erscheinende Dinge benennen.
- Gemeinsam werden diese Dinge in einer Liste zusammengefaßt. Sie könnte beispielsweise für die Hecke folgende Begriffe enthalten: Sonne, Wasser, Luft, Boden; Namen von Pflanzen (Weißdorn, Brombeere, Feldahorn, Heckenrose, Brennessel, ...) und Tieren (Feldhase, Igel, Distelfink, Feldmaus, Zauneidechse, Tagpfauenauge, ...); Mensch (Bauer), der die Hecke als Ackerbegrenzung und Windschutz ("Knick") wachsen ließ.
- Jeder Teilnehmer entscheidet sich für einen Begriff, schreibt ihn auf und heftet sich die Namenskarte an die Brust.
- Gruppe und Leiter bilden einen Kreis von drei bis vier Meter Durchmesser.
- Der Leiter mit der Karte „Sonne" wickelt sich ein Ende der Schnur um das Handgelenk und erklärt: „Ich bin die Sonne. Ich kann für mich allein bestehen. Ich brauche keine anderen. Aber viele brauchen mich. Sie können ohne die Energie, die ich ausstrahle, nicht leben – wie (beispielsweise) die Heckenrose."
- Die Heckenrose: „Ohne die Sonnenwärme kann ich nicht wachsen." (Beispiele für anspruchsvollere Antworten könnten sein: Ich brauche die Sonnenenergie, um Stärke, Fette und Eiweiß erzeugen zu können.

Alles hängt mit allem zusammen.

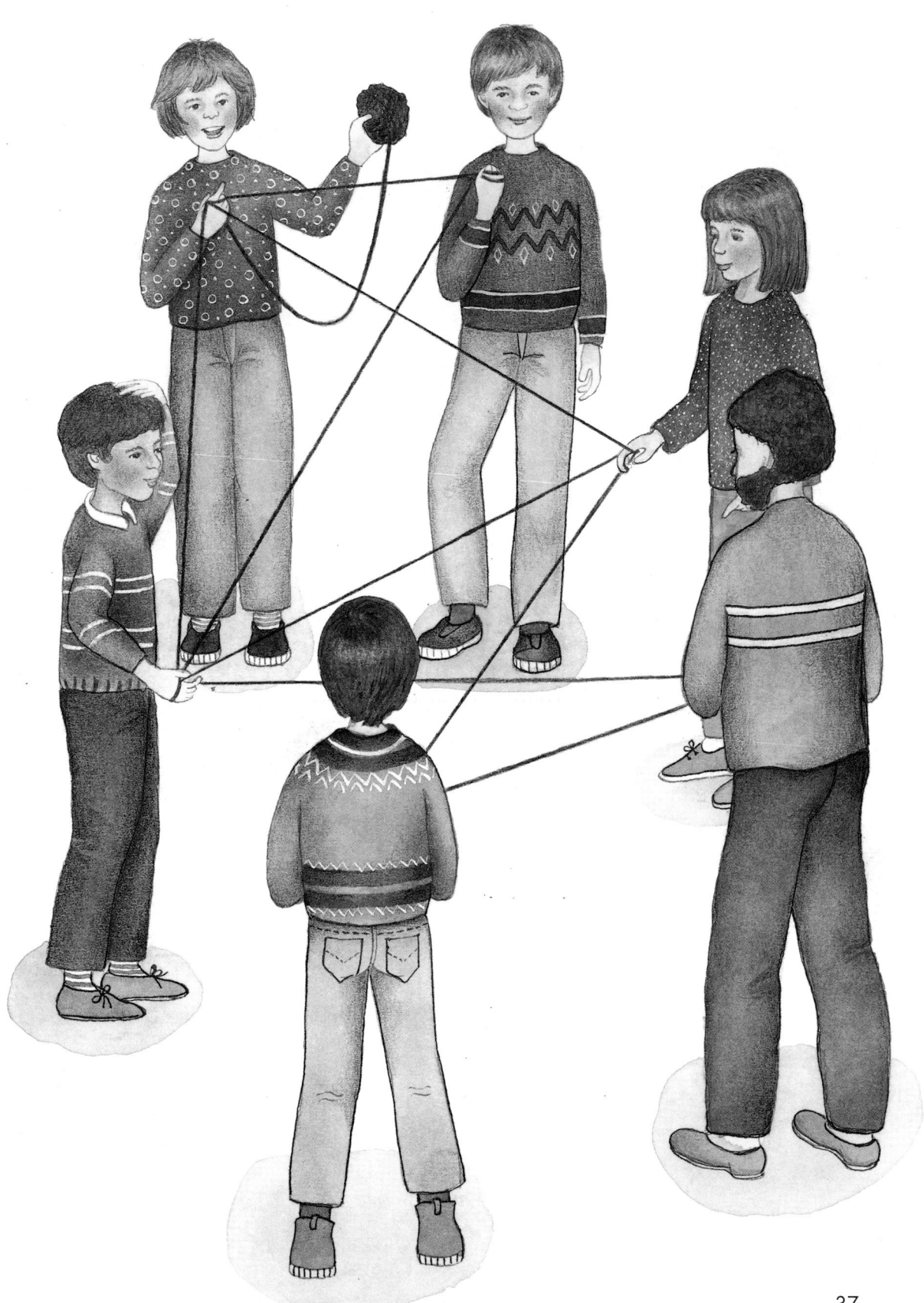

Oder: Mit Hilfe der Sonnenenergie kann ich Kohlendioxid in Sauerstoff umwandeln, den die Menschen zum Atmen brauchen. Diese Beispiele zeigen, daß das Spiel für unterschiedliche Gruppen geeignet ist.)

– Das Schnurknäuel wird jeweils an den Mitspieler weitergegeben, von dem man annimmt, daß man für ihn wichtig ist. Der Betreffende formuliert dann die direkte oder indirekte Abhängigkeit.

– Jeder Mitspieler führt die Schnur um den Zeige- oder Mittelfinger, bevor er das Knäuel weitergibt. Dabei ist darauf zu achten, daß die Schnur straff bleibt. Achtung: Schnur nicht um den Finger wickeln!

– Das Schnurknäuel wird so lange weitergereicht, bis alle in das Lebensnetz einbezogen sind. Im Verlauf des Spiels kann ein Mitspieler auch mehrmals angebunden werden.

Zum Schluß kommt das Knäuel wieder zur Sonne. Das Lebensnetz ist fertig.

Auswerten:

Die vielfältigen Verbindungen zeigen bestehende Abhängigkeiten und Wechselwirkungen. Was geschieht, wenn eine Art im Lebensnetz ausfällt; vielleicht, weil sie der Mensch ausgerottet hat. Auf ein Zeichen läßt der betreffende Spieler die Schnur fallen.

Spielvariante:

Um die lebenswichtige Bedeutung von Sonne, Wasser, Sauerstoff und Erde auch im Spiel sichtbar zu machen, kann die Schnur immer über eines dieser vier Elemente zum nächsten Tier, zur nächsten Pflanze oder zum Mensch geführt werden. Verschwindet oder verändert sich eines dieser Elemente, werden die Folgen für das gegenwärtige Lebensnetz erkennbar.

Anmerkung:

Natur ist kein Supermarkt, in dem nach Ladenschluß die Regale aufgefüllt werden. Ausverkaufte Arten sind für immer vergriffen!

Wenn in der Natur im ökologischen Netz eine Verbindung unterbrochen wird, so schließt sich der Rest – teilweise unter Zerstörung oder Aufnahme zusätzlicher Fäden – zu einem neuen, umgebauten aber lebensfähigen Netz zusammen. Das Lebensnetz als solches wird gestört, bricht aber nicht zusammen – es sei denn, „Sonne", „Wasser", „Luft" oder „Boden" verlassen den Kreis. Auch ohne Menschen würde die Hecke verschwinden, zu einem Busch- und Waldgelände auswachsen.

Wer eine Mischkultur anlegt, gibt der Natur die Chance, sich selbst zu helfen.

Nachbarschaftshilfe im Bauerngarten

Sich einander helfen! Das erwarten Sie doch am ehesten von einem Freund oder einem guten Nachbarn. Daß aber auch Tiere und Pflanzen sich gegenseitig „helfen", das ist eine von vielen Weisheiten im Alltagsleben der Natur, die uns nicht mehr so vertraut ist.

Unsere Vorfahren wußten mehr darüber, und sie nutzten ihr Wissen auf vielfältige Weise. So hatte jeder Hof – gleichgültig, ob groß oder klein – seinen Bauerngarten. Er lieferte für die Küche Kräuter und Gemüse und mit ihnen lebenswichtige Vitamine und Mineralstoffe. Durch eine geschickte, auf Vielfalt bedachte Kombination des Anbaus erwehrten sich die Menschen früher ungebetener Mitesser – von uns zu „Schädlingen" gestempelt.

Was war das Geheimnis ihres Erfolges? Unsere Vorfahren wußten, daß bestimmte Pflanzen einander helfen und nebeneinander einfach besser gedeihen. Durch Duftstoffe und Wurzelausscheidungen können sie sich gegenseitig schützen und so im Wachstum fördern. So orientiert sich beispielsweise ein Insekt am Geruch seiner Wirtspflanze. Steht eine stärker duftende Pflanze unmittelbar daneben, wird das Insekt so verunsichert, daß es weiterfliegt, ohne Eier abzulegen.

Im Bauerngarten wurde jahrhundertelang biologischer Pflanzenschutz angewandt. Landwirte und Forstleute mit Getreidefarmen und Fichtenstangenfabriken haben vergessen, daß solche Anpflanzungen für bestimmte Tiere und Pflanzen ein Schlaraffenland sind. Solche Monokulturen bieten einigen wenigen Arten Nahrung in Hülle und Fülle; auch für deren Nachwuchs und den Nachwuchs des Nachwuchses und so weiter. Sie vermehren sich so stark, daß ihre natürlichen Freßfeinde ihrer nicht mehr Herr werden. Die Wirtspflanzen werden dabei immer stärker geschädigt. Bis eines Tages der Großteil der Art im zerstörten Schlaraffenland nicht mehr ausreichend Nahrung findet.

Inzwischen gehen immer mehr Landwirte erfolgreich andere Wege. Sie düngen mit abgelagertem Mist, mit Komposterde, Gesteinsmehl und stickstoffhaltigem Grün-Dung (Lupinen) und bauen in Mischkulturen an. Sie sind wirklich nicht die so oft verspotteten „Spinner".

Absicht:

Mit einfachen Versuchen können Sie den Kindern zeigen, wie notwendig es ist, in Zusammenhängen zu denken und Wissen entsprechend anzuwenden. Sie selbst und die Kinder erfahren dabei,

– daß biologischer Pflanzenschutz den Einsatz chemischer Mittel überflüssig macht;

– wie Sie sich und Ihre Familie mit lebenswichtigen Vitaminen einfach und billig selbst versorgen können;

– wie Sie auf kleinstem Raum, auch in der Stadt, zusätzlich ein Stück natürlichen Lebensraum schaffen können.

Wer hilft wem?

Oder: Biologischer Pflanzenschutz ohne Chemie

Wir duften und locken Bienen an:

Kümmel	+ Koriander
Lavendel	+ Weinraute
Rosmarin	+ Salbei
Schnittlauch	+ Marienblatt
Sauerampfer	+ Estragon

WIR	HELFEN	GEGEN
Kerbel	Salat	Blattläuse, Mehltau, Schnecken, Ameisen
Möhren	Zwiebeln	Möhrenfliegen/ Zwiebelfliegen
Salat	Radieschen	Erdflöhe
Schnittsellerie	Kohl	Raupen, Erdflöhe
Knoblauch		Mäuse
Marienkäfer		Blattläuse, Blattflöhe, Milben
Igel		Mäuse, Raupen, Schnecken, Insekten

Material:

Ein bis zwei Quadratmeter Garten. Wenn Sie mehr nutzen können, um so leicher können Sie die Wirkung biologischen

Pflanzenschutzes ausprobieren. Wenn Sie selbst keinen Garten haben, dann versuchen Sie, Freunde oder Bekannte mit Garten für die ökologische Bodenpflege zu gewinnen. Oder Sie probieren es mit ein paar Blumenkästen. Dafür findet sich auch in einer Stadtwohnung ein Platz. Zum Düngen nehmen Sie natürliches Gesteinsmehl und organische Stoffe aus dem Haushalt.

Verlauf:

– Wenn Sie im Herbst Senf einsäen, haben Sie die zwei berühmten Fliegen mit einem Schlag gefangen: Sie haben eine natürliche Bodenbedeckung, die den Boden schützt und für das Frühjahr einen natürlichen Stickstoffdung.
– Vor dem Einsäen sollten Sie den Boden mit einer Grabegabel leicht hin- und herbewegen und so lockern. Bitte nicht umgraben. Sie stören sonst das für das Wachstum so wichtige Bodenleben.
– Die Einsaat erfolgt in Reihen, wobei Sie jeweils die Sorte wechseln.
– Nach dem Säen die Furchen mit einem Rechen zuharken.
– Wenn Sie die Zwischenräume mit Pflanzenresten bedekken, schützen Sie den Boden vor starker Sonneneinstrahlung und vor Platzregen.
– Nach der Saat gießen, damit die Samen schneller keimen.

Vielfalt, die wenig kostet – durch eine Natursteinmauer

Mauern aus Natursteinen sind leider selten geworden. Mit ihren Fugen, Ritzen und Hohlräumen bieten sie einer Vielzahl wärmeliebender Tiere und Pflanzen einzigartige Lebensräume – obwohl der Platz für die Wurzeln klein und das lebensnotwendige Wasser knapp ist. Mauern sind kein Ersatz für

einen natürlichen Fels-Lebensraum. In unseren stark überbauten Dörfern und Städten bieten sie jedoch vielen Arten Schutz und Ruhe.

Für Steine kann man Kinder mühelos begeistern. Das fängt mit „Wasserhüpfern" an. Warum nicht für zwei, drei Wochenenden einen Ausflug mit einer Sammelaktion für Steine verbinden? Es sollten möglichst kantige Sand- und Kalksteine mit rauher Oberfläche sein. Sie verwittern leichter und geben den Pflanzen einen guten Halt. Auch Tuffe eignen sich hervorragend.

Der Natur eine Chance geben!

Eine Mauer aus Natursteinen ist umweltfreundlicher als der beste Maschendraht. Sie ist auch viel billiger. Wenn Sie sich mit Ihrem Nachbarn gut verstehen, dürfte es kein Hindernis mehr geben. Sie sollten sich in der Nähe der Mauer einen bequemen Sitzplatz einrichten. Im Laufe der Zeit werden Sie und die Kinder interessante Beobachtungen machen können.

Ort für eine Natursteinmauer:

Hauswand, Garten

Verlauf:

- Auswahl eines geeigneten Platzes
- passende Steine sammeln
- Steine zu einer kleinen Mauer aufschichten. 50 bis 60 Zentimeter hoch und ebenso tief. Ein bis zwei Meter Länge reichen voll aus.
- Ein paar Eimer voll Erde darüber streuen, das beschleunigt die Besiedlung.
- Dann muß die Zeit arbeiten.

Vielfalt, die wenig kostet – durch eine Vitaminfarm

Vitamine? Jeder weiß, daß sie wichtig sind. Ganz besonders im Winter, wenn frisches Obst und Gemüse fehlen. Und Sie wissen vermutlich auch, daß Sie Vitamine in der Apotheke kaufen können. Sie sind dann natürlich nicht ganz billig. Ausgesprochen billig dagegen kommt Sie eine Vitaminfarm auf der Fensterbank Ihres Wohnzimmers.

Es müssen nicht Bambussprossen sein. Roggen-, Weizen- und Haferkörner, grüne Sojabohnen, Kichererbsen und Sonnenblumenkerne tun es auch. Sie liefern außer Vitamin B 1 und Vitamin C auch Eiweiß- und Mineralstoffe, sozusagen als kostenlose Zugabe.

43

Wenn Umwelt sich ändert – was dann?

Verändert sich Umwelt überhaupt? So wird mancher fragen. Und wenn – das bißchen ist doch kaum zu bemerken! So wird mancher denken.

Sie kennen vermutlich die „Salami-Taktik": Immer nur ein Scheibchen ab! Nach einiger Zeit, wenn es um den letzten Zipfel geht, kommt das große Staunen.

So ähnlich verhalten wir uns mit der Erde und ihren Reichtümern. Immer mehr Menschen müssen sich ernähren. Sie brauchen Wohnungen und verbrauchen Brennstoffe zum Heizen, Kochen, für Licht und zum Antrieb von Motoren und Maschinen. Gemäß der Salami-Taktik greifen wir alle beständig mehr oder weniger in die Umwelt ein und verändern sie.

Wer Umwelt verändert, trifft auch den Menschen!

Wenn Ihre Kinder es nicht glauben wollen, die Foto- und Ansichtskartensammlung des örtlichen Geschichtsvereins bringt es an den Tag: Die Gemeinde ist gewachsen, auf Kosten von Wäldern und Feldern, Feuchtgebieten und Hecken. Auch in der Flur fehlen Gehölzinseln. Dadurch erhöht sich die Windgeschwindigkeit und der Boden trocknet aus.

In den letzten Jahren machten „Algenpesten" an den Ferienstränden von Adria und Nordsee von sich reden. Zu einer Algenblüte kommt es immer dann, wenn Nährstoffe und Licht reichlich vorhanden sind und das Wasser aufgewärmt ist. Ein ganz normaler Vorgang. Er endet, wenn die Algen die Nährstoffe aufgebraucht haben. Doch die Flüsse schaffen mehr und mehr stickstoffreiches Abwasser aus Waschmaschinen und Toiletten heran. Und wenn die Wassertemperatur hoch ist, wird das ökologische Gleichgewicht zu stark verändert. Dann haben die Algen ideale Bedingungen.

Die Folgen menschlicher Eingriffe in den Haushalt der Natur wirken sich vielfach erst nach Jahrzehnten oder Jahrhunderten aus. Sie sind deshalb für uns kaum wahrnehmbar und daher auch nur schwer vorstellbar.

Mitdenken, Mitentscheiden, Mithandeln!

Sie können selbst etwas tun, um langzeitig wirkende und vom Menschen verursachte Umweltveränderungen zu verlangsamen (Auswahl):

– Verzicht auf Spraydosen und Verpackungsmaterialien, die Chlorflourmethane enthalten;

– Einsparen von Energie jeglicher Art und Möglichkeit (niedrigere Raumtemperatur, öffentliche Nahverkehrsmittel, bessere Isolierung der Wohnung, Geräte und Lampen nach Gebrauch ausschalten);

– Sparsamer Düngemitteleinsatz im Garten (verringert Stickstoffoxide);

Viele dieser Maßnahmen vermindern zusätzlich Umwelt-
gefahren in der Luft und in Gewässern. Sie haben also eine
Mehrfachwirkung. Das Umweltbundesamt in Berlin, die Ver-
braucherzentralen und Zeitschriften wie „Ökotest" und
„natur" geben wertvolle Hilfen.

Absicht:

In nicht zu aufwendigen Versuchsreihen können Sie mit
Kindern Umweltbedingungen verändern und die Auswirkun-
gen der Veränderungen innerhalb weniger Wochen
beobachten, ohne die Umwelt zu gefährden.
– Sie wenden dabei eine naturwissenschaftliche Arbeitsweise an.
– Sie beobachten, wie gegebene natürliche Umweltbedingungen wie Wärme, Feuchtigkeit und Licht sich auf das
Wachstum von Pflanzen und Tieren auswirken.
Je nach Alter werden die Kinder einen Bezug zu den für uns
alle nicht so leicht erkennbaren Veränderungen der natürlichen Umweltbedingungen und deren Folgen herstellen. Sie
kommen so einem für uns alle bedeutsamen Geheimnis der
Natur auf die Spur.

Dauer:

zwei bis drei Wochen

Versuch 1: Licht beeinflußt das Wachstum

Material:

drei kleine Blumentöpfe mit angefeuchteter Erde; zwei Hau-
ben aus Kartonpapier (Milchtüte ohne Boden oder ähnliches), die Sie über die Blumentöpfe stülpen können. (In eine
Haube schneiden sie ein fingernagelgroßes Viereck. Seine
Unterkante muß in gleicher Höhe mit dem Topfrand sein.);
etwas Kressesamen

Verlauf:

– Säen Sie eine gleiche Anzahl von Samen in jeden Blumentopf aus.
– Stülpen Sie die Haube mit der kleinen Öffnung über einen Topf. Richten Sie die Öffnung dem Fenster zu.
– Stülpen Sie die zweite Haube über den zweiten Topf. Der dritte bekommt kein Hütchen.
– Stellen Sie alle drei Töpfe so auf, daß sie möglichst gleiche Umweltbedingungen haben.
Umweltbedingungen können Sie im Experiment auf verschiedene Weise verändern:
Viel Licht, wenig Licht, kein Licht
Viel Feuchtigkeit, wenig Feuchtigkeit, trocken
Warm oder kühl

Auswertung:

– Was wird geschehen? Wie werden sich die unterschiedlichen Bedingungen auf das Wachstum auswirken? Notieren Sie die Vermutungen in einem Umwelt-Tagebuch.
– Beobachten Sie täglich, was geschieht. Die Kinder werden nach einiger Zeit erstaunliche Entdeckungen über Aussehen und Verhalten der Kressesamen machen.
– Lassen Sie die anfänglichen Vermutungen mit dem tatsächlich Beobachteten vergleichen. Da wird es einige Überraschungen geben!
– Überlegen sie gemeinsam: Wichtig ist, daß der Zusammenhang von veränderter Umweltbedingung und Reaktion der Natur erkannt wird.
– Ältere Kinder sollten versuchen, das Beobachtete auf die eigene Umwelt zu übertragen.
Nicht vergessen! Kresse können Sie auch Salaten beigeben sowie Quark- und Butterbrote damit garnieren. Schmeckt nicht nur lecker, sondern liefert auch wertvolle Vitamine.

Versuch 2: Temperatur beinflußt Wachstum

Material:

dünner Blechstreifen 50 bis 60 Zentimeter lang, ca. 4 cm breit, an den Enden (6 bis 7 cm) gewinkelt; zwei Gefäße; Heizstab mit automatischer Temperaturregelung; fünf kleine dünnwandige Schälchen (z. B. für portionierte Marmelade); feuchte Watte oder Erde; Kressesamen; Eiswürfel; Thermometer

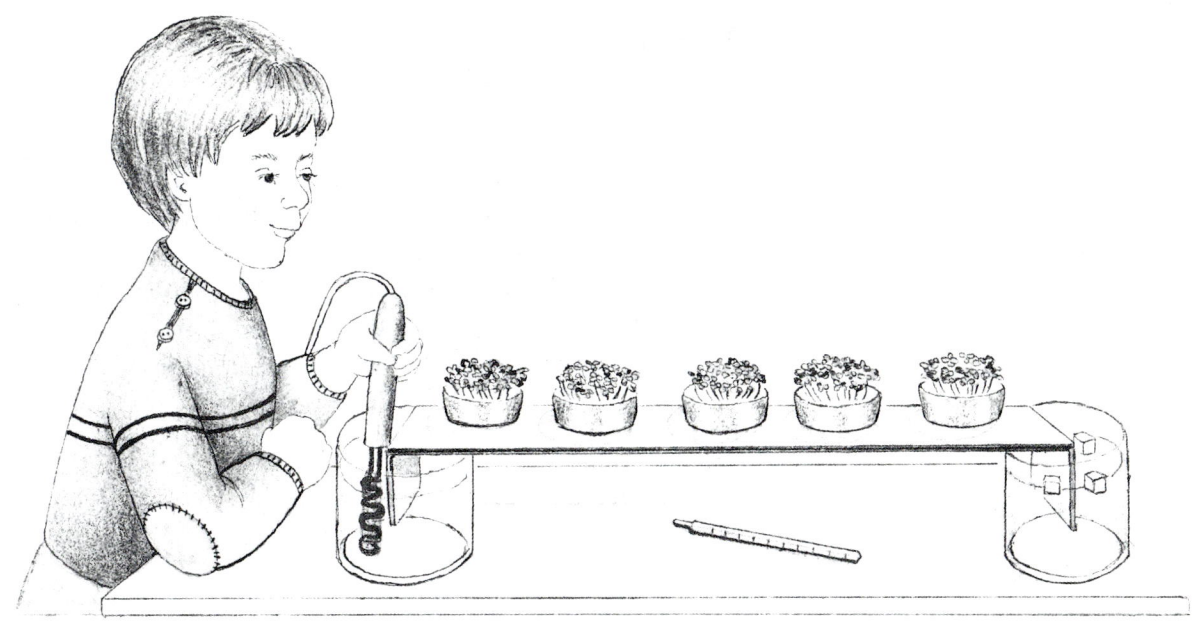

Verlauf:

– Säen Sie in jedes Schälchen ein bestimmte Menge Kresse-samen und lassen Sie die Samen auskeimen.

– Bauen Sie dann den Versuch so auf, wie obige Abbildung zeigt.

– Achten Sie darauf, daß die Temperatur in den Gefäßen gleich bleibt (mind. 45 °C).

– Beobachten Sie das Wachstum der Kresse in den Schäl-chen.

– Notieren Sie täglich, was sich verändert.

Wenn die Temperatur steigt oder fällt, dann verändern sich auch die Chancen für das Leben. Über die Temperaturorgel wurde der Boden in den Schälchen (von links nach rechts) auf 15, 22, 25, 31 und 37 Grad angewärmt.

Jedes Lebewesen muß an seine Welt angepaßt sein

Groß, größer, noch größer?

Müllers sind eine große Familie mit fünf Kindern. Alle gut gewachsen. Nur der Jüngste war etwas klein, so daß er deshalb manchmal gehänselt wurde.

„Ich möchte einmal der größte sein, viel größer als ihr alle", sagte er eines Tages zu seiner Mutter. Die schaute ihn lange und nachdenklich an und schüttelte leicht ihren Kopf.

„Ich weiß nicht so recht", sagte sie, „ob das gut wäre."

Und dann erzählte sie ihrem Jüngsten eine Geschichte, die sie einstmals von ihrer Mutter gehört hatte:

„Es ist lange her, da hatte so ein kleiner Junge wie du den gleichen Wunsch. Er wollte nicht nur der Größte in der Familie, er wollte der Größte auf der ganzen Welt sein. Die Mutter des Jungen war eine weise Frau. Sie sagte eines Tages: „Groß oder klein zu sein, das ist sehr wichtig! Für manches ist es besser, groß, für anderes ist es besser, klein zu sein. Stell dir vor, unser Bello würde plötzlich elefantengroß. Oder das Auto würde zu Käfergröße schrumpfen. Ich denke, unsere Größe ist für uns gerade richtig. Die Natur hats eben für alle Geschöpfe passend eingerichtet. Sie brauchen nicht kleiner oder größer zu werden. So, wie sie sind, sind sie recht gut für das Leben auf der Erde ausgerüstet."

So sprach die Mutter. Doch der Jüngste wollte nicht hören. Er futterte alles, was er kriegen konnte und wünschte sich nichts sehnlicher, als riesengroß zu werden.

Es dauerte seine Zeit. Zuerst ganz langsam – kaum einer bemerkte es – wurde der Junge größer. Doch eines Tages überragte er alle. Bald mußte er sich bücken, wenn er ins Haus wollte. Rundherum begann ein Staunen und Raunen.

„Wie sich der Junge entwickelt hat", rief der eine, und: „Das wird ein ganzer Kerl", sprach der andere.

In der Natur gibt es für alles eine zweckmäßige Größe.

48

Das spornte den Jüngsten mächtig an. Er wuchs und wuchs und wuchs - in die Höhe und in die Breite. Eines Tages, da paßte er nicht mehr durch die Tür. Doch, warum sich Gedanken machen! Der Sommer war warm und so schlief der Junge einfach draußen unter freiem Himmel und wuchs weiter.

Der Herbst kam und mit ihm die kalten Nächte. Da begann der Junge ganz erbärmlich zu frieren. Denn er war inzwischen so riesengroß gewachsen, daß keine Decke der Erde ihn zu wärmen und kein Haus der Erde ihn aufzunehmen und zu schützen vermochte.

... und wenn er nicht erfroren wäre, dann, ja dann wüchse er vielleicht noch heute.

Die Geschichte hört sich wie ein Märchen an. Sie ist auch eins, obwohl Ähnliches überall in unserer Umwelt geschieht. Es geschieht, wenn Menschen meinen, sie müßten wieder einmal zu ihrem Nutzen etwas Fortschrittliches machen – ohne dabei die Folgen ihres Handels genügend zu bedenken.

Es gilt deshalb, Augen und Ohren offen zu halten für die vielen kleinen, von der Natur geschaffenen Wunder. Sie werden von den großen Menschen häufig nicht gesehen und verstanden. Es gilt aber auch, ein Gespür für die scheinbaren Wunder des Menschen zu entwickeln, wenn er sich dem ungehemmten Wachstum verschreibt. Denn: Zwei oder drei Prozent Zuwachs jährlich – zu Beginn als Segen empfunden – wird auf die Dauer zum Problem. Wir müssen daher rechtzeitig die Wende vom Wachsen zum Funktionieren einläuten. Wie in der Natur: Was problemlos lebensfähig ist, braucht nicht zu wachsen, braucht weder größer noch kleiner zu werden.

Funktionieren statt wachsen lassen

Viele Politiker werden nicht müde, Wachstum (z. B. des Bruttosozialprodukts) als eine Garantie für Wohlstand und Überleben zu verkünden. Die Zahl derer, die daran zweifelt, nimmt zu. Zu recht, wie ein Blick in die seit Jahrmillionen funktionierenden Systeme der Natur beweist.

Natur verhält sich ganz anders: Nach einer bestimmten Zeit verlangsamt sich dort Wachstum und hört schließlich ganz auf - dann, wenn das Herangewachsene optimal bestehen (funktionieren) kann.

Absicht:

Die Kinder erfahren, daß
- Wachstum in der Natur zeitlich begrenzt ist;
- es der Natur vielmehr auf das Funktionieren ankommt.

Material:

Zwei Schälchen mit gut angefeuchteter Erde; Kressesamen

Verlauf:

- Schütten Sie etwa einen Teelöffel Kressesamen in die Mitte des einen Schälchens, dicht zusammen.
- Verteilen Sie einen Teelöffel Kressesamen auf die ganze Oberfläche des zweiten Schälchens.
- Beobachten und beschreiben Sie Wachstum und Entwicklung der keimenden Kressesamen und überlegen Sie sich gemeinsam Gründe für die beobachteten Unterschiede.

Meine Wiese ist weg!

Viele Tiere wandern zwischen dem Gebiet, in dem sie nisten und jenem, in dem sie überwintern. Immer häufiger finden sie bei der Rückkehr ihren Lebensraum so stark verändert vor, daß die Nahrung knapp wird, daß es nicht mehr für alle reicht.

Wir alle wissen um die vielfältigen Eingriffe des Menschen in die Natur zu seinem eigenen Vorteil – ob er einen Feldweg asphaltiert, einen Bach begradigt, eine feuchte Wiese trockenlegt oder ein Stück Land für eine Siedlung oder ein Industriegelände erschließt. Immer nimmt er Tieren und Pflanzen etwas weg.

Absicht:
Dieses Spiel verdeutlicht sehr vereinfacht die Folgen für eine Art, wenn der Mensch ihren Lebensraum verändert.

Teilnehmer:
mindestens 6 bis 8

Material:
zwei Stöckchen oder Kärtchen je Teilnehmer als Symbole für Standortbedingungen

Alternativ:
Nistmaterial in begrenztem Umfang zum Nachahmen realer Gegebenheiten

Ort:
Spielfeld 25 bis 30 Meter lang

Verlauf:
– An den beiden Spielplatzenden wird je Teilnehmer ein Stöckchen/Kärtchen ausgelegt.
– Auf der ersten Wanderung bewegen sich z. B. alle Zugvögel (Schwalben) vom Wintergebiet ins Nistgebiet, wo sie alle ausreichend Platz finden. Unterwegs brauchen sie Zeit zum Ausruhen und Fressen.
– Inzwischen haben sich die Lebensbedingungen im Wintergebiet geändert. Sie haben sich durch große Trockenheit, Trockenlegen von Feuchtgebieten und Umwandeln in Ackerland oder durch großflächige Insektenvernichtung verschlechtert. Nicht alle finden ausreichend Nahrung. Zwei oder drei Stöckchen werden weggenommen. Zwei oder drei

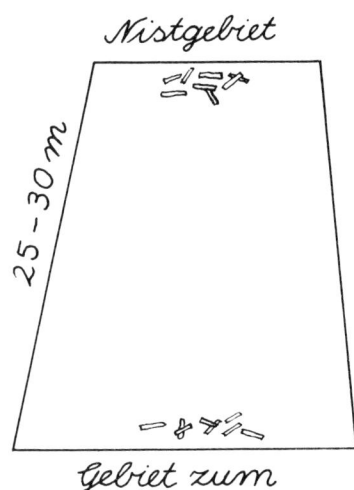

Nistgebiet

25 – 30 m

Gebiet zum Überwintern

Teilnehmer scheiden aus, gehen an den Rand des Spielfeldes.
– Auch im Nistgebiet sind die Lebensbedingungen schlechter geworden.
Ein, zwei oder drei Stöckchen werden weggenommen. Ein, zwei oder drei Teilnehmer scheiden aus.
– Im Wintergebiet haben sich die Bedingungen nochmals verschlechtert (Stöckchen wegnehmen; Teilnehmer scheiden aus).
– Durch Ausweisen eines großen Naturschutzgebietes werden die Verhältnisse im Nistgebiet stark verbessert (zwei Stöckchen hinzu, zwei ausgeschiedene Teilnehmer spielen wieder mit).
– Ausreichende Regenfälle haben im Wintergebiet ein besseres Nahrungsangebot geschaffen (ein Stöckchen und ein Teilnehmer hinzu).
– Je nach Spielbereitschaft der Kinder können sechs bis zehn Wanderungen durchgeführt werden.

Auswertung:

Wie haben sich die Teilnehmer gefühlt, als sie das erste Mal nicht mehr ausreichend Nahrung vorfanden und ausscheiden mußten? Welche Folgerungen lassen sich aus dem Spiel ziehen?

Anmerkung:

Das Spiel kann konkret auf eine bestimmte Art und Situation ausgerichtet werden (z. B. Schwalben, denen die Lehmpfützen auf Feldwegen wegasphaltiert und im Wintergebiet die Insekten weggespritzt bzw. vergiftet wurden).

Leben – mit oder ohne Gift?

Ökologie verstehen kostet Zeit.

Ökologie nicht verstehen kostet Leben!

So, wie wir die Erde heute vorfinden, ist sie das Ergebnis der Evolution. Das ist ein „ewiger" Prozeß, der schon Jahrmilliarden dauert. In der Vergangenheit entwickelten sich an bestimmten Standorten bestimmte Formen des Lebens. Es entstand eine Artenvielfalt, die von der Wissenschaft bis heute noch nicht vollständig erforscht wurde.
Der Mensch erscheint in der Geschichte der Erde sehr spät, erst im letzten Augenblick. Doch in diesem einen „Augenblick" hat er um seines eigenen Lebens und Überlebens willen massiv in die natürlichen Abläufe der Erde eingegriffen. Sie wurden und werden auch heute noch so verändert, daß sie sich für viele Formen des Lebens nachteilig aus-

Mit Hilfe verschiedenfarbiger Zahn-
stocher lassen sich grundlegende
ökologische Einsichten gewinnen.
Und es macht Spaß!

wirken. Ein besonderes Beispiel hierfür ist der Einsatz von
Giften im Garten sowie in der Land- und Forstwirtschaft.
Auch in „Balkonien" und beim Zimmergrün wird mit sogenannten Schädlingsbekämpfungsmitteln die chemische Keule
geschwungen.

Wer auf dem Land wohnt, einen Garten besitzt oder einen
Gartennachbarn hat, kennt das Bild: Einmal im Frühjahr
rüsten sich viele Gartenfreunde wie zu einer Mond-Expedi-
tion. Sie binden sich eine Art Maske vors Gesicht und schnal-
len sich einen Kanister auf den Rücken. Aus einem langen,
dünnen Rohr sprühen sie dann einen feinen Giftregen auf
Bäume, Sträucher und Pflanzen, um sie vor „SCHÄDLIN-
GEN" zu schützen, wie sie immer behaupten.

Manchmal hört man den einen oder anderen schimpfen, daß
das Zeug nichts mehr tauge, nicht mehr wirken würde. Um
das Problem zu lösen, sucht er ein besseres, ein stärkeres
Mittel.

Balkonisten, Gärtner, Bauern und Forstleute versuchen dann
vielfach, den Widerstand (Resistenz) zuerst durch eine
höhere Giftdosierung, dann durch neue, stärkere Mittel zu
überwinden. Der Einsatz von Gift in immer kürzeren Zeitab-
ständen ist ein weiterer Versuch, der Plage Herr zu werden.
Ein Teufelskreis tut sich hier auf, der bis heute noch nicht unterbrochen wurde. Er bedroht auch den Menschen!
Doch mehr und mehr denken und handeln anders!

Absicht:

Die Kinder erfahren bei dieser Aktivität,
– wie sich Lebewesen auf unterschiedliche Weise an die
Bedingungen eines Standortes anpassen;
– wie sich Lebewesen verhalten, wenn der Mensch an
einem Standort sogenannte chemische Schädlingsbekämp-
fungsmittel einsetzt, um sie gegen Freßfeinde zu schützen;
– daß mitunter kleine Veränderungen in der Natur dramatische Folgen haben können.

Teilnehmer:

entweder
a) Kleingruppe drei bis sechs Personen oder
b) Großgruppe bis zu 30 Teilnehmer, die sich paarweise
aufstellen.

Ort:

ca. 100 qm große Wiese oder Fichten-/Kiefernwaldboden,
möglichst ohne Unterwuchs

Material:

je 100 naturfarbene und rot, grün und gelb mit Lebensmittel-
farben eingefärbte Bastelstreichhölzer (in Bastelgeschäften
erhältlich); ein Stück Tapete; dicker Filzstift

Verlauf:

Die verschiedenfarbigen Stäbchen werden vermischt und
über die Fläche des Spielfeldes ausgestreut. Erzählen Sie
den Kindern, daß diese Stäbchen verschiedene Insektenarten
sind, die bestimmte Vogelarten zum Leben brauchen. Erwäh-
nen Sie, daß entsprechend der jeweiligen Werkzeuge
(Schnäbel) der Tiere auch die Nahrung unterschiedlich ist.
Dann tritt keine Nahrungskonkurrenz auf, und verschiedene
Arten können nebeneinander leben.

Großgruppe:

– Jeweils ein Partner sucht Nahrung (Beute) und bringt sie
zum anderen (Nest), der am Spielfeldrand wartet. Je ein
Nest und ein Fänger gehören zusammen. Jedes Mal darf der
Fänger höchstens zwei Hölzchen aufnehmen.
– Es gilt, innerhalb einer vereinbarten Zeit (drei bis fünf
Minuten) möglicht viel Nahrung zu sammeln. Es empfiehlt
sich, zur „Halbzeit" die Rollen zu tauschen.
– Beginn und Ende werden durch ein Zeichen bestimmt.
Nach dem Schlußzeichen darf nicht mehr gesammelt wer-
den.

Für die Kleingruppe:

– Jeder Teilnehmer stellt am Spielfeldrand einen Becher als
Nest auf, zu dem er seine Nahrung bringt.

Auswertung:

– Jedes Paar bzw. jeder Fänger berichtet, wieviel Nahrung
insgesamt gesammelt wurde. Was bedeutet es für den
Nachwuchs im wirklichen Leben, wenn ein Paar viel, ein anderes wenig Nahrung gesammelt hat?
– Alle gefundenen Hölzchen werden nach Farben sortiert
und ihre Anzahl auf der Tapete in einer Tabelle übersichtlich
festgehalten und besprochen. Es wird einsichtig, daß Farbe
als Tarnung dient und ein Anpassen an die Umwelt wichtig
für das Überleben ist.

„Das Zeug wirkt nicht mehr"

Beim folgenden Spiel sind die Stäbchen Tiere einer vom Menschen als schädlich eingestuften Art wie beispielsweise der Apfelblütenstecher oder der Haselnußbohrer. Da diese Tiere den Ertrag mindern, müssen sie nach herkömmlicher Meinung bekämpft und möglichst ausgerottet werden. Doch: Es hat sich herausgestellt, daß nicht alle Tiere einer Art gleich auf die vom Menschen eingesetzten chemischen Bekämpfungsmittel reagieren. Durch das Gift werden jene stärker betroffen, die eine starke Dosis abbekommen haben oder sich weniger gut anpassen können.

Die unterschiedlichen Reaktionen von Tieren einer Art auf das Gift wird im Spiel mit den vier Farben wiedergegeben. Findet das Spiel auf einer Wiese statt, sind vorwiegend die roten, gelben und braunen „Tiere" gefährdet. Die anderen dagegen – die grünen – entwickeln eine Widerstandsfähigeit gegenüber dem Gift und überleben in größerer Zahl. Da für sie damit auch die Zahl der Nahrungs-Konkurrenten abnimmt, können sie sich noch besser entwickeln. Schon nach kurzer Zeit steigt ihre Zahl steil an.

Ist der Kipp-Punkt erreicht, können selbst kleine Veränderungen dramatische Folgen haben.

Ort:
wie vorher

Material:
je 100 rote und naturfarbene, 30 braune und 20 grüne Bastelstreichhölzer. Die unterschiedlichen Mengen erklären sich aus der Tatsache, daß von den widerstandsfähigen Tieren – auf der Wiese sind das Grünfarbige, im Nadelwald ist das Braunfarbige – am Anfang nur wenige vorhanden sind. Denn: Bis der Mensch mit dem Gift kam, reichte die Anzahl zum Erhalt der Art aus.

Dauer:
Etwa ein bis zwei Stunden, da mehrere Spieldurchgänge notwendig sind. Die Aktivität erfordert daher eine größere Ausdauer.

Teilnehmer:
Jugendliche, Studenten und Erwachsene; mindestens vier Teilnehmer

Verlauf:

– Die verschiedenfarbigen Stäbchen werden vermischt und über das Spielfeld ausgestreut.

– Die Teilnehmer übernehmen die Rolle eines breitwirkenden sogenannten Pflanzenschutzmittels gegen Insekten (Insektizid). Sie versuchen, innerhalb einer vereinbarten Zeit (zwei bis drei Minuten) so viele Stäbchen (Tiere) wie möglich einzusammeln (auszuschalten).

– Nach jedem Einsatz vermehren sich die überlebenden Tiere um zehn Prozent des Bestandes. Hier muß auf- und abgerundet werden. Der jeweilige Zuwachs wird in Stäbchen in entsprechender Zahl und Farbe ausgestreut.

– Mit Hilfe einer Tabelle können Sie die Veränderungen, die der Einsatz des chemischen Bekämpfungsmittels verursacht hat, deutlich machen.

Variante:

Nur für jene, die schon die vorstehenden Formen durchgespielt haben.

Diese Variante wird mit einer unterschiedlichen Vermehrungsrate durchgeführt. Sie beträgt für die roten und naturfarbenen „Tiere" je 10%, für die braunen 20% und für die grünen 30%. Denn in der Natur haben die widerstandsfähigen

Schützen statt spritzen!

	holzfarben	braun	rot	grün	insgesamt
Start	100	30	100	20	250
Rate	10%	20%	10%	30%	
1. Einsatz					
vernichtet	25	8	45	2	80
übrig	75	22	55	18	170
Vermehrung	+8 = 83	+4 = 26	+6 = 66	+6 = 24	
2. Einsatz					
vernichtet	12				
übrig	71				
Vermehrung	+7 = 78				
3. Einsatz					

(resistenten) Tiere gegenüber den anderen einen Vermehrungsvorsprung.

Wenn Sie eine Wiese als „Spielfeld" ausgewählt haben, streuen Sie beispielsweise je 100 rote und naturfarbene, 30 braune und 20 grüne Stäbchen aus und beginnen mit der ersten Sammelrunde.

Nach der ersten Sammelrunde:

– Gefundene Stäbchen nach Farben getrennt zählen;
– Zahlen in die Tabelle eintragen und von der Ausgangszahl abziehen;
– Die Vermehrung für jede Farbe ausrechnen und zum Bestand hinzuzählen;
– Für jede Farbe die Zahl von Stäbchen ausstreuen, um die sich der Bestand vermehrt hat;
– Sammeln für die zweite Runde usw.

Auswertung:

Die gewonnenen Ergebnisse müssen mit den Teilnehmern ausführlich besprochen werden, um daraus Erkenntnisse zu gewinnen. Erzählen Sie dabei, daß in der Natur die Entwicklung anfangs langsamer, nach einer gewissen Zeit aber viel schneller abläuft. Hat sich einmal ein Typ angepaßt, so setzt er sich häufig fast hundertprozentig durch. Denn der Gifteinsatz hat auch viele natürliche Feinde getötet.

Eine Art, anfangs in geringer Zahl in einer ökologischen Nische lebend, kann sich so explosionsartig vermehren. Wer sieht da nicht Ähnlichkeiten zu den Menschen?

Natur kennt weder Schädlinge noch Nützlinge.

Urwald o d e r Wirtschaftswald?

Als Kind habe ich mich unzählige Stunden in den Wäldern herumgetrieben. Meistens aus Freude am Entdecken, doch verbunden mit dem Nervenkitzel, wo ich wohl diesmal „rauskommen", wieder auf vertraute Wege stoßen würde. Manchmal aber auch mit einem Tragkorb auf dem Rücken, um Leseholz für den Ofen in der Wohnküche zu sammeln. Damals lagen, wen wundert es, in den Wäldern nur selten umgestürzte Bäume und Zweige und Äste herum; es waren „saubere" Wälder. Urwälder kannte ich nur aus Büchern und aus Tarzanfilmen.

Für viele Menschen, dazu zählen auch noch vereinzelt Förster, muß ein gesunder Wald sauber sein! Da werden Zweige und Äste im Namen der Forstpflege einfach an Ort und Stelle verbrannt. Sie würden sonst zur Brutstätte von Forstschädlingen, hört man sagen. Das ist, wie wir heute wissen, so wahr wie falsch. Es trifft für Monokuluren zu. In Mischwäldern dagegen kann beispielsweise der Kiefernspanner nur wenig Schaden anrichten.

Um den wichtigen Rohstoff Holz in ausreichender Menge und guter Qualität zu gewinnen, braucht der Forstmann starke und gleichmäßig gewachsene Stämme. Der Baumbestand muß deshalb nach einigen Jahren immer wieder durchforstet, entastet und entstangt werden. Wenn die Bäume drei bis fünf Meter gewachsen sind, erfolgt eine Auslese. Im Wirtschaftwald werden dann jene Bäume gefällt,
- die zu dicht stehen und andere bedrängen,
- die von stärkeren im Wachsen behindert werden,
- die im Kampf ums Licht zurückgeblieben sind,
- die nachwachsenden, wertvollen Laubbäumen Platz machen sollen,
- die einen verkrüppelten Wuchs haben,
- die durch Feuer oder Blitz verletzt wurden,
- die eine geteilte Krone haben.

Nach 100 bis 140 Jahren haben die Bäume nur noch einen geringen Holzzuwachs; das Ende des Wirtschaftswaldes ist erreicht. Wenn alles gut gegangen ist, stehen dann auf einem Hektar 200 Lärchen, 300 Kiefern oder 400 Fichten zum Einschlag, kaum noch ein Zehntel der ursprünglich gepflanzten Anzahl.

Absicht:

Die Aktivität vermittelt den Kindern
- Einblick in das unterschiedliche Wachstum von Bäumen;

Holz ist zu wertvoll, um verschwenderisch damit umzugehen!

– Kenntnisse über Gefahren, von denen Bäume bedroht werden können;
– die Einsicht, daß Wälder aufwendig gepflegt werden müssen, um den für uns wichtigen Rohstoff Holz gewinnen zu können.

Teilnehmer:

mindestens drei, einzeln oder paarweise

Ort:

je nach Zahl der Teilnehmer ein Waldstück von ca. 30 bis 50 Meter Länge und Breite, das demnächst durchforstet werden soll

Material:

Kreide; Fotoapparat; für jeden Teilnehmer bzw. jedes Paar Standortskizze der Bäume; Schreibunterlage und Schreibzeug

Verlauf:

– Fragen Sie Ihren Revierförster, welches Waldstück demnächst durchforstet werden soll und wie er für Waldarbeiter jene Bäume markiert, die zu fällen sind. Erkundigen Sie sich auch, wie alt die Bestände sind. Die meisten Kinder wollen das wissen.
– Suchen Sie mit den Kindern an Bäumen auffällige Wuchsformen, die die Güte des Holzes beeinflussen.
– Grenzen Sie das ausgewählte Waldstück gut erkennbar ab. Nummerieren Sie alle auf dieser Fläche stehenden Bäume mit Kreide. Hilfreich ist es, die Nummern in eine Standortskizze aller Bäume einzutragen und die Skizze für alle Teilnehmer bzw. Gruppen zu kopieren.
– Die Kinder gehen dann einzeln oder paarweise von Baum zu Baum und kreuzen auf der Standortskizze jene an, die sie fällen würden. Lassen Sie den Kindern ausreichend Zeit.
– Wenn alle fertig sind, ermitteln Sie mit Hilfe einer Strichliste, welche Bäume und wie oft sie zum Fällen vorgeschlagen worden sind. Es kommt dabei nicht darauf an, das erfolgreichste Kind oder Team herauszufinden. Wichtig ist, daß alle mitmachen!
– Schauen Sie sich diese Bäume gemeinsam an und lassen Sie kurz die Entscheidung begründen. Die Kinden erzählen im allgemeinen spontan, warum sie gerade diesen und jenen ausgewählt haben.

Auffällig ist diese Wucherung schon! Ob sie die Qualität des Stammholzes mindert? Da ist der Forstmann gefragt.

Wir brauchen einander. Ein Zehnjähriger formulierte das ökologische Prinzip der Symbiose auf seine Weise: Keine Bienen – keine Pflanzen – keine Menschen!

... zu gegenseitigem Nutzen

Sie kennen vermutlich Fernsehbilder mit Büffeln oder Elefanten, denen Vögel Maden und andere Kleintiere aus der Haut oder dem Fell picken. Was uns Menschen so komisch und lustig anmutet, das hat in der Natur eine ganz wichtige Bedeutung. Denn die Madenhacker finden auf diese Weise reichlich Nahrung und befreien gleichzeitig die Großtiere von lästigen Zecken und Bremsenmaden.

In der Natur leben häufig unterschiedliche Tierarten zusammen, wobei alle ihren Nutzen haben. Da gibt es Arten, die besser sehen, andere haben einen feineren Geruchsinn, wieder andere sind wachsamer und warnen rechtzeitig vor Feinden. Die besonderen Fähigkeiten jeder Art erleichtern allen die Nahrungssuche und somit die notwenige Energiezufuhr. Das ist eine zusätzliche Chance zum Überleben.

In der Natur ist es seit eh und je üblich, daß sich unterschiedliche Arten zu gegenseitigem Nutzen zusammenzufinden, sich vergesellschaften. Sie bilden eine Allianz, wie die Ökologen sagen; eine lockere Form der Symbiose.

Wenn Sie einen Garten haben, dann ist Ihnen das Miteinander von Blattläusen und „melkenden" Ameisen vertraut. Und die Bakterien in unseren Därmen leben von unserer Nahrung und liefern uns dafür wichtige Vitamine.

Auch wir haben dieses Prinzip, was wohl die wenigsten vermuten, der Natur abgeschaut. Gegenwärtig sind wir Zeugen, wie die Politiker mit der Allianz europäischer Staaten eine Art wirtschaftspolitischer Symbiose für einen ganzen

Kontinent zum allseitigen Nutzen der Partner umzusetzen versuchen.

Absicht:

Auf spielerische Weise können Sie den Kindern das auch für die Menschen so bedeutsame Prinzip „Zusammenleben zu allseitigem Nutzen" (Symbiose) verständlich machen. Die Kinder sollen an sich selbst erfahren, daß das Ziel nur erreicht werden kann, wenn jeder einzelne Teilnehmer seine besonderen Fähigkeiten einsetzt, um das anstehende Problem zu lösen.
Großartig wäre es, wenn die Kinder durch das Spiel angeregt würden, etwas Ähnliches für andere zu organisieren.

Teilnehmer:

beliebige Anzahl, die in Kleingruppen von drei oder vier zusammen arbeiten sollten.

Dauer:

eine halbe bis zwei Stunden, je nach Anzahl der Anlaufpunkte und ihrer Entfernung zueinander

Ort:

Garten, Park, Hinterhof, im Gelände – überall

Material (zur Auswahl):

Fernglas; Lupe; Kompaß; kleinmaßstäbige Karte (Ortsplan, Katasterkarte); kleine Schaufel; Thermometer; Schrittzähler; eine 10 oder 20 Meter lange Schnur; Stricknadel oder einen etwa gleich langen, dünnen Eisenstab; „Geheimpapier" und anderes mehr

Vorbereitung und Verlauf:

Die erste Vorbereitung kostet eine Menge an Zeit und fordert Ihren Ideenreichtum heraus. Sie müssen irgendwo im Gelände einen „Schatz" verstecken. Dieser Schatz soll von den Teilnehmern mit Hilfe ihrer speziellen Fähigkeiten/Ausrüstung (Fernglas, Lupe ...) und eines „Geheimpapieres" gefunden werden. Dies geschieht über einige Zwischenstationen, im folgenden Anlaufpunkte (AP) genannt. Diese Punkte müssen sorgfältig ausgewählt werden. Bedenken Sie dabei, daß die Schatzsuche einer wichtigen ökologischen Erkenntnis dient, zu der die Kinder im Verlauf des Spieles selbst finden sollen. Das Suchen soll aber auch Spaß machen.
Vom Start wird die Gruppe über mehrere Anlaufpunkte zum

Hier ist der Teilnehmer mit dem Thermometer gefragt!

„Schatz" geführt. Um jeweils den nächsten Punkt zu finden, muß jeweils ein Partner seine besonderen Fähigkeiten einsetzen, in die Gruppe einbringen. Je nach Gruppengröße erhält jeder Teilnehmer ein oder zwei verschiedene Werkzeuge als besondere Ausrüstung, über die kein anderer verfügt.

Spielregeln:

Jeder Teilnehmer muß am Anlaufpunkt prüfen, ob er die gestellte Aufgabe mit Hilfe der ihm gegebenen Fähigkeiten (Fernglas, Lupe, ...) selbständig lösen kann. Die Partner dürfen ihm dabei nur helfen, wenn er es allein nicht schafft.
Mögliche Zusatzregel:
Die einmal übernommene Ausrüstung (Fernglas, Lupe, ...) darf nicht an einen anderen Teilnehmer weitergegeben oder ausgeliehen werden.

So könnte Ihre Schatzsuche aufgebaut sein:

Beispiele für Problemstellungen an Anlaufpunkten, die Sie anregen wollen, selbst kreativ zu sein:
– Eine Information an einem Haus oder einem Baum so hoch und so weit entfernt anbringen, daß die Info – die den nächsten Auftrag beschreibt – nur mit Hilfe des Fernglases zu lesen ist. Die Info könnte beispielsweise lauten: „Geht von eurem Standort 100 Meter in westlicher Richtung. Dort ist der nächste AP".
Dieser Auftrag fordert den Partner mit dem Kompaß und den mit der Schnur heraus. Sie müssen sogar zusammenarbeiten.

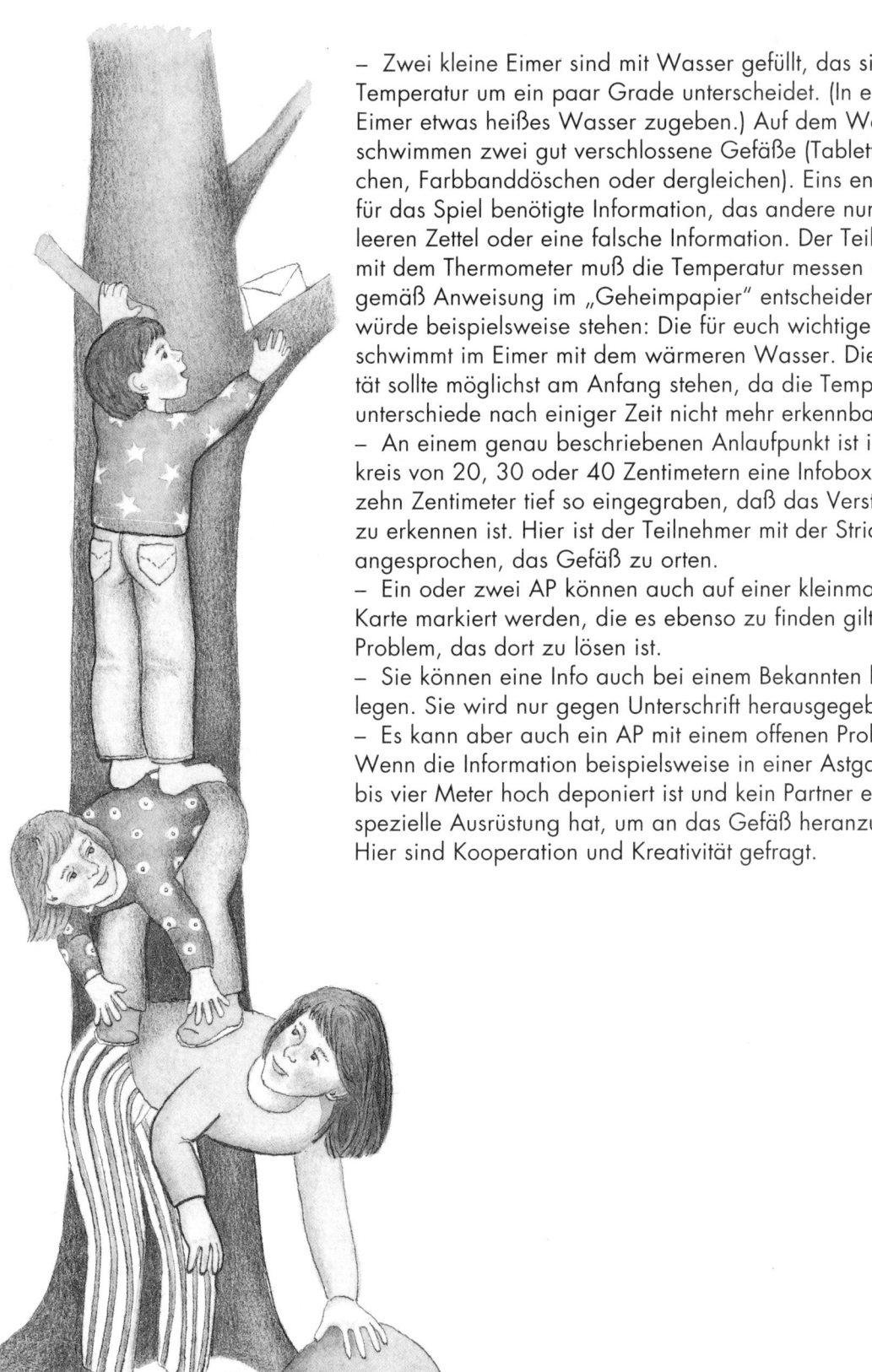

– Zwei kleine Eimer sind mit Wasser gefüllt, das sich in der Temperatur um ein paar Grade unterscheidet. (In einen Eimer etwas heißes Wasser zugeben.) Auf dem Wasser schwimmen zwei gut verschlossene Gefäße (Tablettenröhrchen, Farbbanddöschen oder dergleichen). Eins enthält die für das Spiel benötigte Information, das andere nur einen leeren Zettel oder eine falsche Information. Der Teilnehmer mit dem Thermometer muß die Temperatur messen und sich gemäß Anweisung im „Geheimpapier" entscheiden. Dort würde beispielsweise stehen: Die für euch wichtige Info schwimmt im Eimer mit dem wärmeren Wasser. Diese Aktivität sollte möglichst am Anfang stehen, da die Temperaturunterschiede nach einiger Zeit nicht mehr erkennbar sind.

– An einem genau beschriebenen Anlaufpunkt ist im Umkreis von 20, 30 oder 40 Zentimetern eine Infobox fünf bis zehn Zentimeter tief so eingegraben, daß das Versteck nicht zu erkennen ist. Hier ist der Teilnehmer mit der Stricknadel angesprochen, das Gefäß zu orten.

– Ein oder zwei AP können auch auf einer kleinmaßstäbigen Karte markiert werden, die es ebenso zu finden gilt wie das Problem, das dort zu lösen ist.

– Sie können eine Info auch bei einem Bekannten hinterlegen. Sie wird nur gegen Unterschrift herausgegeben.

– Es kann aber auch ein AP mit einem offenen Problem sein. Wenn die Information beispielsweise in einer Astgabel drei bis vier Meter hoch deponiert ist und kein Partner eine spezielle Ausrüstung hat, um an das Gefäß heranzukommen. Hier sind Kooperation und Kreativität gefragt.

Die Baustoffe des Lebens auf der Erde werden immer wieder genutzt

Ein Blatt welkt und fällt

Ein Blatt welkt und fällt. Sag, wo fällst du hin?

Zur Er - de, zur Er - de, da trägt mich der Wind.

aus: RPA Heft 2, 1978, S. 46, TEXT UND MELODIE: FRANZ KETT

2) Ein Blatt ist gefallen. Sag, was wird aus dir?
Ich werde vergehen und Erd' wird aus mir.

3) Du Erde, sag uns doch, was wird nun geschehn?
Aus mir wird es keimen und Neues entstehn.

4) Aus mir wird es wachsen, es ist das kein Traum,
mit Ästen und Zweigen und Blättern – ein Baum.

Ein kleines Samenkorn auf großer Reise

Kennst du den Wind, wie er mit aufgeplusterten Wangen aus einer Kinderbuchwolke bläst? Dann weißt du auch, was der Bursche in seinem Übermut so alles anstellen kann. Heute hat er es auf die große Wiese abgesehen. Kräftig schüttelt er Gräser und Stauden und nimmt alles mit, was er tragen kann. Auch die Samen von der roten Mohnblume bläst er hoch hinauf und weit, weit fort über Felder und Wälder, Berge und Höhen.

Über dem großen See läßt die Kraft des Windes nach. Ein paar Samenkörner fallen ins Wasser. Doch die anderen packt eine Bö und trägt sie wieder hoch hinauf.

Als der Wind aufhört zu wehen, fallen alle Körner zur Erde. Eins landet auf einem Hausdach, ein anderes auf einem asphaltierten Schulhof, ein drittes auf einen Wegrand, wo es ein Vogel aufpickt.

Eins fällt auf eine kleine Wiese in einem Garten, kullert an einem Blatt herunter in eine winzige Mulde. Hier bleibt es liegen, unentdeckt von den hungrigen Vögeln. Nichts geschieht! Denn frische Samen brauchen eine Ruhepause, bevor sie keimen können.

So liegt der Samen bis zum Frühjahr, bis die Erde warm wird. Dann, eines Tages, platzt seine schützende Schale. Er treibt einen Sproß mit Blättern und schlägt Wurzeln und wächst langsam zu einer neuen Mohnblume. Die Sonne gibt ihr die Energie, der Regen gibt ihr Wasser und der Boden die Nährstoffe.

Hier wäre die Geschichte eigentlich zu Ende, wenn das Samenkorn in einen der üblichen Gärten mit gepflegtem Rasen gefallen wäre. Ein Rasenmäher hätte die Pflanze gar bald an ihrem Wachstum gehindert.

Unser Samen hatte Glück. Er war in jenem Teil des Gartens gelandet, der erst nach der Blüte gemäht wird und bis dahin als kleine Wiese stehen bleibt. So konnte die Mohnblume wachsen und ihre leuchtenden Blüten entfalten. Bis eines Tages wieder ein kräftiger Wind an den Blütenköpfen rüttelt, die roten Blütenblätter abreißt und die Samen mit sich nimmt.

Ein gordischer Knoten

Absicht:

Mit dem Spiel können Sie Kindern verdeutlichen,
– wie vielfältig und kompliziert miteinander verbunden
scheinbar einfache Zusammenhänge sein können;
– wie schwer es ist, diese „Vernetzungen" zu durchschauen,
zu entwirren.

Teilnehmer:

8 bis 12

Verlauf:

– Alle stellen sich in einem Kreis Schulter an Schulter auf, so
daß sich alle mit den Händen fest fassen können. Achten Sie
darauf, daß jeder die Hände von verschiedenen Mitspielern
ergreift. Nicht nachfassen! Lassen Sie das ausprobieren.
Wählen Sie ein Beispiel aus der Erfahrungswelt der Kinder,
um deutlich zu machen, wie vielfältig miteinander verknüpft
auch ganz einfach erscheinende Sachverhalten sein können
(Kauf eines Schulheftes, eines guten Kompasses, Fahren mit
dem Fahrrad, Zähneputzen u.a. m.). Jeder in der Runde
äußert sich, was alles mittel- und unmittelbar durch den Kauf
eines Schulheftes, … in Gang gesetzt wird. Möglichst alle
sollten einen Teilbereich benennen, beim Schulheft beispielsweise Holzfäller, Holztransporter, Zellulosefabrik, Papier-
fabrik, Papierwarengeschäft … . Sie können gar nicht alle
Zusammenhänge aufdecken.
– Alle schließen die Augen und und stellen die Handkontak-
te her. Danach Augen öffnen und versuchen, den Knäuel zu
entwirren, ohne dabei die Hand des anderen loszulassen.

Auswertung:

Der Knäuel symbolisiert ein vernetzes System, das Entwirren
dagegen die Schwierigkeiten beim Erkennen und Verstehen
der komplexen Zusammenhänge. Häufig gelingt es, den
Knäuel zu einem Kreis zu entwirren. Manchmal entsteht auch
ein Doppelkreis, eine Acht. In jedem Fall wird die gemein-
same Verbindung vereinfacht erkennbar.

Wasser ist zum Trinken da, valleri und vallera ...

Das Wasser unserer Bäche und Flüsse, das die Menschen einst trinken konnten, ist häufig zu einer Abwasserkloake geworden. Vielfach ist Baden verboten, Fische essen verboten, Wasser trinken verboten.

Wir haben in der Vergangenheit bedenkenlos einen Großteil unserer Abfälle einfach in den nächsten Bach oder Fluß eingeleitet oder ins Meer gekippt. Sie waren und sind vielfach auch heute noch die bequemsten Transporter und Abfalleimer.

Trinkwasser, für das wir ja nur einen Hahn aufzudrehen oder einen Hebel zu bewegen brauchen, liefert uns das Wasserwerk. Für zwei bis drei Mark je Kubikmeter kommt es in guter, trinkbarer Qualität ins Haus. Können Sie sich vorstellen, daß ein Kubikmeter das Hundertfache oder mehr, nämlich 200 bis 400 DM kostet?

„Nein! Nie!", werden Sie ohne Zögern antworten. Und doch zahlen Sie, ohne zu zögern für einen Kasten Mineralwasser, für weniger als zehn Liter, zwei bis vier Mark. Da ein Kubikmeter bekanntlich 1000 Liter faßt, kommen Sie mühelos auf einen astronomisch anmutenden Wasserpreis.

Trinkwasser wird zu einem großen Teil aus Grundwasser gewonnen, das sich nach Regen und Schneeschmelze in der Erde sammelt. So entstanden im Laufe der Zeit große Grundwasservorkommen. Durch den hohen privaten und industriellen Wasserverbrauch einerseits sowie andererseits durch die Versiegelung des Bodens mit Beton und Asphalt nehmen diese Vorräte spürbar ab. Sie werden zusätzlich durch Schadstoffe belastet und sind so teilweise als Trinkwasser nicht mehr nutzbar.

Wichtig für die künftige Trinkwasserversorgung: ein sparsamer Verbrauch und ein vermehrter Zufluß an unbelastetem Sickerwasser.

Wo Sie Wasser sparen können

Sie kennen mit Sicherheit viele Möglichkeiten. Machen Sie mal ein „Wasserspar-Quiz" mit selbsterdachten Regeln. Sie werden überrascht sein, was den Kindern alles dazu einfällt.

Absicht:

Mit Hilfe dieser Versuche können Sie die Selbstreinigungskraft der Natur nachweisen sowie die Einsicht stärken, daß wir alle mit dem lebenswichtigen Rohstoff Wasser sparsam und schonend umgehen müssen.

Versuch 1: Wo ist das Wasser hin? Wir sorgen für mehr Sickerwasser.

Von den Niederschlägen, die in Mitteleuropa fallen, verdunstet ein Teil, ein anderer wird von den Pflanzen aufgenommen, ein dritter in Bächen und Flüssen sofort abgeleitet. Doch etwa die Hälfte versickert.

Material:

ein bis fünf Eimer, gefüllt mit der gleichen Menge Regenwasser (5 Liter); Uhr mit Sekundenzeiger

Zeit:

10 bis 15 Minuten

Verlauf:

– Lassen Sie je einen Eimer mit fünf Liter Wasser nacheinander zu folgenden Plätzen bringen:

    - asphaltierter Hof
    - Wiese oder Rasen
    - unbewachsene Fläche: Acker oder Beet
    - unbewachsene Fläche: unbefestigten Weg oder Pfad
    - Straßengully

– Lassen Sie die Eimer auskippen und beobachten, was mit dem Wasser in einer bestimmten Zeit (Uhr) geschieht.

– Was müßte geschehen, damit mehr Regenwasser im Boden versickern und so das Grundwasser wieder angehoben werden könnte?

– Überlegen Sie gemeinsam, welche Flächen in Ihrer Umgebung „entsiegelt" werden könnten.

Ein paar Quadratmeter sind wirklich nur ein „Tropfen auf den heißen Stein". Doch die Masse macht es. Wichtig ist die Einsicht, daß wir alle betroffen und angesprochen sind und jeder auf seine Weise etwas für den Erhalt natürlicher Systeme tun kann und tun muß.

Versuch 2: Mini-Kläranlagen – mehr als eine Spielerei?
Material:

Zwei oder drei Blumentöpfe oder größere Joghurtbecher mit einem Loch im Boden; etwas Kies, feinen Sand, Aktivkohle (Drogerie) und Filterpapier; ein Liter Geschirrspülwasser; zwei oder drei Gläser, auf die Sie die Töpfe/Becher stellen können.

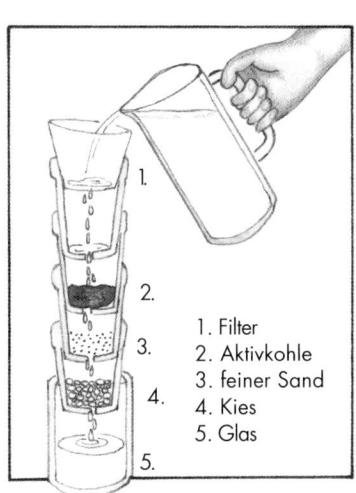

1. Filter
2. Aktivkohle
3. feiner Sand
4. Kies
5. Glas

Verlauf:

– Verwandeln Sie die Gefäße in „Mini-Kläranlagen": Zu unterst das Filterpapier, darauf die Aktivkohle, den feinen Sand und zuletzt den Kies (etwa drei Viertel voll).
– Stellen Sie die Mini-Anlage in ein Glas und lassen Sie dann etwa 1/2 Liter Geschirrspülwasser langsam durchlaufen. Halten Sie etwa einen viertel Liter Spülwasser zum Vergleich zurück.
– Zum Schluß wird das geklärte Wasser geschüttelt. Vergleichen Sie es im Aussehen und Geruch mit ungeklärtem Wasser. Was kann eine solche Kläranlage leisten, was nicht?

Versuch 3: Die Sumpfpflanzen-Kläranlage

(Die Idee zu diesem Versuch stammt aus „Umweltspürnasen. Aktivbuch Wasser", Greisenegger, Katzmann, Pitter; Orac-Verlag, Wien 1984)

Zeit:

sechs bis zwölf Monate

Material:

ein oder mehrere 10-Liter-Plastikeimer; lehmige Erde; einen halben Meter Kunststoffschlauch je Eimer (Aquariengeschäft); Klebeband; Uhu-Plast zum Abdichten; Sand; Kies; Wasserpflanzen vom Gärtner (Zyperngras für eine Zimmeranlage, Binsen, Rohrkolben, Pfeilkraut u. a. für den Balkon oder Garten)

Verlauf:

– Pflanzen einsetzen und Abfluß montieren;
– In den ersten drei Wochen den Kübel bis oben mit Wasser füllen und den Schlauch am oberen Rand befestigen;
– In den nächsten drei Monaten den Kübel nur halb mit Wasser füllen und den Schlauch entsprechend tiefer befestigen;
– Danach zwei Monate den Schlauch herunterhängen lassen. Die Wurzeln füllen jetzt das ganze Erdreich aus. In dieser Zeit muß mindestens jeden zweiten Tag gegossen werden, damit die Pflanzen nicht vertrocknen.
– Dann den Schlauch 5 bis 10 Zentimeter unter der Oberkante befestigen und fortan mit Geschirrspülwasser und Urin gießen. Die Sumpffplanzen-Kläranlage filtert je Eimer ein bis zwei Liter täglich.
– Vergleichen Sie geklärtes und ungeklärtes Wasser in Geruch und Aussehen.

Eine Sumpfpflanzen-Kläranlage arbeitet auch im großen. Sie reinigt die Abwasser eines Zweifamilienhauses – problem- und geruchlos.

5 cm {

Lehm

Silikonkleber
2 cm Sand
3 cm Kies

Fangkorb aus Joghurtbecher

Achtung! Das geklärte Wasser sieht zwar sauber aus, darf aber auf keinen Fall getrunken werden; es kann gesundheitsschädigende Stoffe enthalten.

Wir testen das geklärte Wasser

– optisch: es muß klar sein
– Geruch: es darf nicht stinken
– es darf weder Nitrate noch Ammonium enthalten. Zum Überprüfen gibt es Teststäbchen mit Gebrauchsanleitung (Drogerie).

Wie funktioniert das?

Auch bei den Wurzeln der Pflanzen leben Milliarden Bakterien. Zum Arbeiten brauchen sie Sauerstoff, den sie von den Pflanzen bekommen. Die Bakterien bauen dann den Stickstoff der Abwässer ab, verwandeln ihn in Luftstickstoff. Die Bakterien zerlegen aber auch andere Verbindungen und machen sie so unschädlich. Auch die Phosphate aus den Waschmitteln können sie abbauen.

Versickern lassen statt Boden versiegeln!

Das ganze ist keine Hexerei, sondern ein Vorgang, der sich alltäglich in der Natur abspielt.

In Bad Reichenhall sammelte ein Gärtner viele Jahre lang Erfahrungen mit Sumpfpflanzen-Kläranlagen. Seine eigene, etwa 20 Quadratmeter große Anlage arbeitet an 365 Tagen im Jahr rund um die Uhr und reinigt einwandfrei die Abwässer von zwei Familien.

Öko-Welt im Einmachglas

Wer von uns hat nicht irgendwann den Nervenkitzel einer Achterbahn ausgekostet: rauf und runter und rundherum. Normalerweise fällt auch keiner heraus. Ist die Fahrt zu Ende, steigen alle aus, wenn auch häufig mit etwas weichen Knien.

Vielleicht stutzen Sie schon hier und fragen sich, was das soll, was die Achterbahnfahrt mit der „Ökowelt im Einmachglas" zu tun hat.

Ich meine, eine ganze Menge. Denn das Leben auf der Erde wird ebenfalls von Kreisläufen getragen. Wasser und Sauerstoff, Kohlenstoff und Nährstoffe bewegen sich in bestimmten Bahnen: von abgestorbenen Stoffen zu Lebewesen, von einem Lebewesen zum anderen und letztlich wieder zu abgestorbenen Stoffen. Dabei geht weder Wasser noch Sauerstoff, weder Kohlenstoff noch Nährstoff verloren. Es geht immer rundherum in einem geschlossenen Kreislauf, angetrieben durch die Lichtenergie der Sonne. Eine scheinbar ewig laufende Wundermaschine.

Die Kreisläufe auf der Erde sind kompliziert und für uns größtenteils unsichtbar und schwer zu verstehen. Mit der Ökowelt im Einmachglas wollen wir uns einen ersten Zugang schaffen. Denn der Wasserkreislauf in unserer Mini-Welt ähnelt dem Wasserkreislauf der Erde. Letzterer ist nur

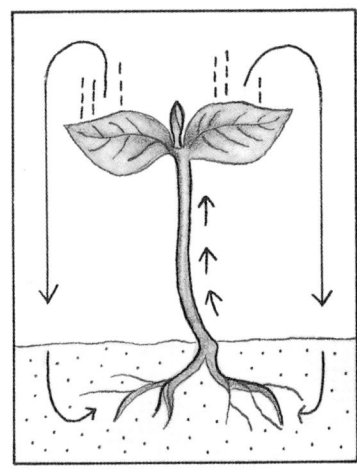

viel, viel größer. Doch eins haben beide gemeinsam: Alle grünen Pflanzen, große und kleine, sind die unzähligen Motoren, die mit Hilfe der Sonne den Wasserkreislauf in Bewegung halten.

Wenn wir diesen Kreislauf durch Vernichten von Pflanzen, durch Roden riesiger Wälder stören, dann regnet es weniger, die Trockenheit nimmt zu, Wüsten breiten sich aus, es kommt zu Dürrekatastrophen.

Die Fähigkeit des Bodens, Wasser zu speichern, nimmt ab: Überschwemmungen nehmen zu, und Erdrutsche und Lawinen bedrohen Verkehrswege und Siedlungen. Letztlich gefährden wir uns alle durch unser eigenes Handeln.

Absicht:

Mit einfachen Versuchen können sich die Kinder den Wasserkreislauf verständlich machen. Dabei erkennen sie die Bedeutung von Pflanzen (Bäumen) in diesem Kreislauf und begreifen, daß an einem funktionierenden Wasserkreislauf letztlich auch das Leben der Menschen hängt.

Material:

– Zwei gleich große, saubere (möglichst steril gemachte) trockene Einmachgläser (drei bis fünf Liter Inhalt);
– Frischhaltefolie und Gummiringe zum Verschließen von einem Glas;
– etwas Holzkohle (verhindert die Schimmelbildung);
– Walderde (gleiche Menge für jedes Glas);
– zwei kleine, gleich entwickelte, junge Waldpflanzen (Baumkeimling, Farn);
– destilliertes Wasser aus der Drogerie oder dem Supermarkt. Ein viertel Liter je Glas genügt.

Verlauf:

Legen Sie mit den Kindern die Mini-Öko-Welt an.
– Setzen Sie in Glas 1 und Glas 2 in die Mitte in eine kleine Vertiefung je eine Pflanze und drücken Sie die Erde rundherum fest.
– Durchfeuchten Sie die Erde gut mit destilliertem Wasser. Für beide Gläser die gleiche Menge nehmen. Achten Sie bitte darauf, daß das Wasser nicht zur Holzkohle durchtropft.
– Verschließen Sie ein Glas mit einer angefeuchteten Frischhaltefolie und halten Sie die Folie mit einem Gummiring fest.
– Stellen Sie dann die Gläser ans Licht (Fensterbank), aber nicht in die pralle Sonne.

Versuchsdauer:

ca. zwei Wochen

Es ist wichtig, alle Beobachtungen zu notieren, um so unterschiedliche Entwicklungen festzuhalten und erklärbar zu machen. Lassen Sie die Kinder selbst überlegen, vermuten und erklären.
Bei sommerlichen Temperaturen können die Kinder schon nach wenigen Stunden die ersten Veränderungen feststellen. Sie sollten täglich ein- oder zweimal ihre Beobachtungen aufschreiben.
Wenn Sie nur das Verdunsten von Feuchtigkeit über die Blätter sichtbar machen wollen, genügt ein einfacher Versuch: Die Kinder stülpen morgens einen Plastikbeutel über die Spitze eines Laubbaumastes und binden ihn zu. Bis zum Abend hat sich einiges getan.

Umwelttagebuch
Meine Öko-Welt
Tag der Pflanzung: 2.7. '90
Uhrzeit : 15 Uhr
Ort : Fensterbank, Westseite

Pflanzen : Junger Farn

Tag	Öko-Welt	offenes Glas

Was geschieht im Öko-Glas?

Die Pflanze nimmt über die Wurzeln Wasser aus dem Boden. Über ein Leitungssystem in der Pflanze gelangt das Wasser in die Blätter. Es wird aus winzig kleinen, unter dem Mikroskop erkennbaren Öffnungen ausgeschieden. (Bei einem ausgewachsenen Laubbaum sind das an einem heißen Sommertag 300 bis 400 Liter Wasser.) Am Glas und an der Folie setzen sich kleine Wassertropfen ab, die wiederum verdunsten oder herunterrinnen. Das Wasser wird vom Boden aufgenommen, von den Wurzeln der Pflanze aufgesaugt – der Kreislauf ist geschlossen.
Was geschieht im zweiten Glas?

Versuch: Pflanzen haben Adern

Haben Sie schon mal nachgedacht, was Sie antworten, wenn Ihre Tochter oder Ihr Sohn nicht glaubt, daß das Wasser durch den Stengel in die Blätter steigt. Es ist ja nicht zu sehen. Mit Hilfe eines einfachen Versuches können Sie diesen Vorgang leicht sichtbar machen.

Material:

– zwei kleine, möglichst gleich große mit Wasser gefüllte Gläschen als Blumenvase (z. B. Reagenzgläser, einen Ständer kann man mit Kindern basteln);
– etwas Farbstoff für Nahrungsmittel, mit dem Sie das Wasser in einem Gläschen färben;
– zwei weißblühende Wiesenblumen

Dauer:

ein bis zwei Stunden

Verlauf:

Schauen Sie alle 10 Minuten nach (ein Wecker hilft erinnern), und notieren Sie beobachtete Veränderungen.

Natur erhält sich selbst!

Säugetier und Pflanze können zusammen in einem luftdicht abgeschlossenen Raum überleben. Das Tier atmet den Sauerstoff, den die Pflanze erzeugt, die Pflanze nimmt das Kohlendioxid aus der verbrauchten Atemluft des Tieres auf.

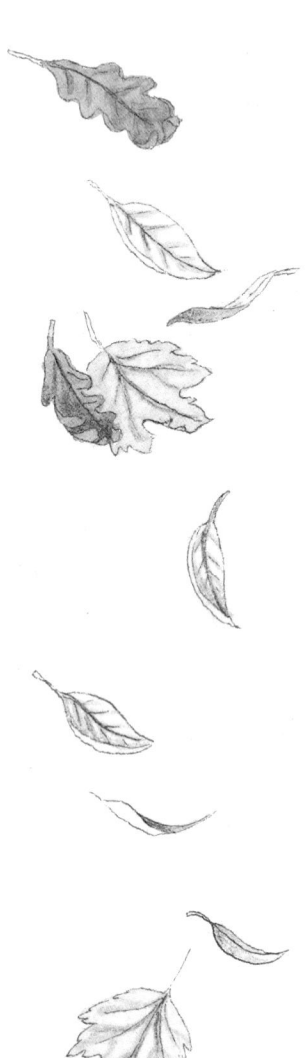

Von der Wiege bis zum Grabe

Der Tod – das Bild, das wir von ihm haben, ist für die meisten Menschen wenig erfreulich. Ich habe deshalb lange überlegt, ob ich diese Überschrift wählen, etwas über den Tod in einem Buch schreiben soll, das dem Leben gewidmet ist.

Der Tod, obwohl allgegenwärtig, ist aus unserem Alltag weit weggerückt. So ist uns die Tatsache fremd geworden, daß Geburt und Tod, Werden und Vergehen eigentlich das Selbstverständlichste dieser Erde sind und untrennbar zusammen gehören. Alle Lebewesen – Menschen, Tiere und Pflanzen – haben auf der Erde ihre Zeit. Doch wer trägt sie zu Grabe?

Sie erinnern sich: Jahr für Jahr fallen kaum vorstellbare Mengen an Nadeln und Blättern von Bäumen und Sträuchern zu Boden. Sie verursachen eine riesige „Überschwemmung", ohne daß ein Reporter jemals darüber berichtet hätte. Die Blätter und Nadeln würden bald eine mächtige, alles Leben erstickende Schicht bilden, wenn, ja wenn nicht unzählige Bakterien, Pilze, Algen und Flechten und winzige Tiere über sie herfallen und sie zersetzen würde.

Anders gesagt: Sie zerkleinern Blätter und Nadeln, Zapfen, Schalen und Beeren und zerlegen die Teilchen in Nährstoffe, die andere Lebewesen wiederum zum Wachsen brauchen. Man schätzt, daß auf diese Weise jährlich weltweit 10 bis 100 Milliarden Tonnen umgesetzt werden – eine unvorstellbar große Menge!

In einem natürlichen System gibt es keinen Abfall. Die Natur schafft es, mit den von Tieren und Pflanzen erzeugten „Abfällen" fertig zu werden. Die einzig bekannte Ausnahme ist der Mensch mit seinen künstlich hergestellten Stoffen, mit seinen künstlichen Systemen.

Haben Sie schon mal darüber nachgedacht, was geschehen würde, wenn diese Organismen plötzlich nicht mehr da wären und kein anderer ihre Arbeit tun würde? Eigentlich ein wenig behaglicher Gedanke, finden Sie nicht auch?

Absicht:

Mit Hilfe einer naturwissenschaftlichen Methode können die Kinder die Arbeit von Kleinstlebewesen nachweisen, die pflanzliche Abfälle zersetzen und so Nährstoffe für neues Wachstum aufbereiten. Sie begreifen dabei, daß in der Natur Tod und Geburt untrennbar zusammen gehören.

Versuch 1: Milliarden gegen Abfälle
Material:

ein Marmeladeschälchen; ein hitzebeständiges Schälchen; ein Suppenteller, in die beide Schälchen gestellt werden können; eine Glasplatte oder eine Glasschüssel zum Abdekken; zwei gleich große Streifen Filterpapier mit glattem Rand (kleiner als der Durchmesser der Schälchen); Pinzette, damit Sie das Filterpapier möglichst wenig mit den Fingern anfassen müssen (Pinzette vor dem Benutzen abflammen); eine Handvoll Walderde und ein viertel Liter abgekochtes Wasser

Dauer:

zwei bis vier Wochen

Verlauf:

– Lassen Sie beide Schälchen gleich hoch mit Walderde füllen. Das hitzebeständige Gefäß, das vorher mit Filzstift markiert wurde, kommt zum Sterilisieren der Erde in den Backofen (bei ca. 160 °C eine Stunde lang).

– Nach dem Abkühlen wird die Erde in beiden Schalen mit der gleichen Menge abgekochtem Wasser gut durchfeuchtet. Es darf kein Wasser auf der Erde stehen bleiben.

– Legen Sie dann je einen Filterpapierstreifen auf die Erde und drücken Sie die Streifen leicht mit der Pinzette an. Das Papier darf dabei nicht beschädigt werden.

– Schütten Sie in die große Schale etwas Wasser zum Verdunsten. Stellen Sie die beiden kleinen Schalen hinein und decken Sie das Gefäß ab (Die Biologen nennen diesen Aufbau „feuchte Kammer"). Sie verhindern so das Austrocknen der Bodenproben. Das Ganze lassen Sie zwei bis vier Wochen in einer dunklen Ecke bei normaler Zimmertemperatur stehen.

– Nach zwei Wochen schauen Sie mit Ihren Kindern täglich einmal nach, was mit dem Filterpapier geschieht. Ihre Beobachtungen sollten Sie gemeinsam besprechen und im Umwelt-Tagebuch festhalten.

Versuch 2: Warum wächst die Bohne nicht?
Material:

Kunststoffeinsatz aus Pralinenkasten mit 6 Einbuchtungen als Wachtumsanlage; feuchte Watte oder Sägespäne; eine durchsichtige Schale (um Wachsen der Wurzeln beobachten zu können) zum Aufnehmen der Nährstoff-Lösung; den Pralineneinsatz in der Schale „schwimmen" lassen; zwei gleich große Schalen zum Aufnehmen der Ackererde (s. vorheriger Versuch); Nährstofflösung (bieten Geschäfte an, die Hydrokulturpflanzen verkaufen); Bohnensamen; Kletterhilfen für Bohnen; Wasser; Ackererde; gewaschener Sand

Ort:

sonniger Fensterplatz

Dauer:

zwei bis drei Monate

Verlauf:

– Bringen Sie rund 20 Bohnensamen in einer Schale mit sehr feuchtgehaltener Watte oder Sägespänen zum Keimen.
– Mit Milchdosenöffner oder Nagel lassen Sie je ein kleines Loch in die Einbuchtungen des Pralineneinsatzes stechen und diese in die Schale mit der Nähstofflösung setzen.
– Keimlinge bitte so in Wachstumsanlage einlegen, daß sie mit Wurzel die Nährstofflösung erreichen.
– Eine Schale wird mit Ackererde gefüllt und darin die Keimlinge eingepflanzt.
– Die zweite Schale wird mit gewaschenem Sand gefüllt und im Backofen bei ca. 160 Grad C eine Stunde erhitzt.
– Lassen Sie von Ihren Kindern Ähnlichkeiten und Unterschiede bei der Keimung, bei der Entwicklung von Wurzeln, Stengeln und Blätter beobachten und notieren.
– Nach ca. 7 Wochen sind die Samen ausgereift. Der Kreislauf Samen – Keimling – Blüte – Schote – Samen ist abgeschlossen.

Achtung!

Wird ein Samen von Schimmel (Pilz) befallen, muß er sofort entfernt werden, damit er die anderen nicht ansteckt.
Die beim Keimen aufplatzenden Samenhälften sind als Keimblätter die Nahrungsspeicher für die junge Pflanze. Später ernährt sich die Pflanze über die Wurzeln und Blätter. Licht dient dann als Energiequelle. Entfernt man ein Keimblatt nach der ersten Wurzelbildung, wächst die Pflanze langsamer oder geht sogar ein.

Die Sonne liefert die Energie für das Leben auf der Erde

Die Erde wird grün

TEXT: FRANZ KETT
MELODIE: SR. C. SILLMANN
aus: RPA, Heft 4, 1978, S. 50

Er - de und das Sonnen - licht Wasser, ja ver- geßt es nicht,

las - sen je-des Jahr ent - stehn tau-send-fa-ches Le-ben.

2.) Grüne Gräser, fein und zart,
bunte Blumen aller Art,
all das wächst aus ihrer Kraft, tausendfaches Leben.

3.) In der hellen Sonnenglut
reift das Korn, der Weizen gut;
daraus werden Mehl und Brot, tausendfaches Leben.

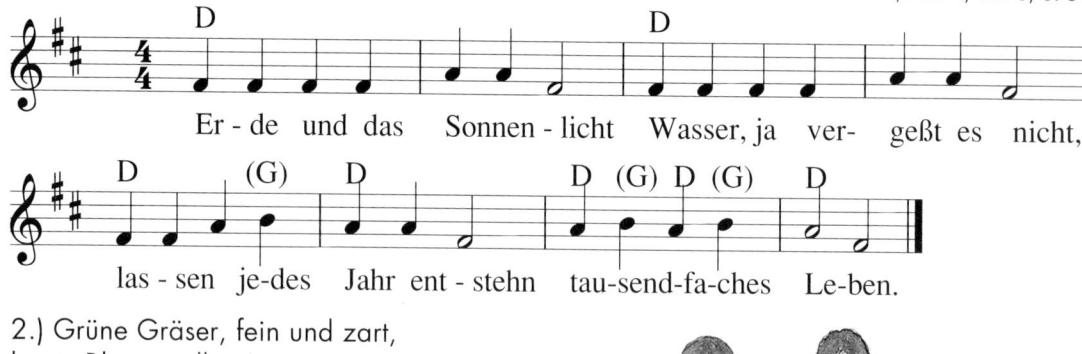

Nachts, als die Sonne "schlief"...

Es war ein Tag wie die anderen zuvor. Ein schwülwarmer Sommertag mit einem Himmel, über den nur selten eine Wolke hinwegzog.

Die Sonne hatte den Boden so richtig aufgeheizt. In den Häusern blieb nachts auch bei offenem Fenster die Wärme stehen. Sogar der Pfarrteich lag verlassen da. Kein Kindergetobe wie sonst! Nur manchmal tippte ein Fisch an die Oberfläche. Dann kräuselte sich das Wasser in kleinen kreisförmigen Wellen.

Am Ende des schmalen Holzstegs saß Flori, der Jüngste vom Weiherhof. Die Krone der großen Birke spendete ihm etwas Schatten. Keiner hatte Zeit oder Lust zum Spielen gehabt. So war er allein zum Teich gegangen, einfach aus langer Weile.

„Vielleicht", hatte er gedacht, „kann ich einen Fisch fangen." So hatte er Schnur und Angelhaken mitgenommen. Selbstverständlich auch eine Flasche mit Limo – bei dieser Hitze! Die Flasche stellte er ins seichte Uferwasser zwischen Wasserpest und Hahnenfuß. Als er dabei gegen die Pflanzen stieß, perlten kleine Bläschen von den Blättern auf. Dann warf er seine Angel aus und wartete.

Plötzlich war es mit der Ruhe vorbei. Nicht, daß ein Fisch angebissen hätte. Zwei Männer von der Gewässeraufsicht kamen auf den Steg, um Wasserproben zu entnehmen. Flori kannte sie schon von früheren Besuchen.

„Bei dem Wetter wirst du wenig Glück haben," meinte der eine, „da beißen sie nicht."

„Da schau her", sagte der andere, als sie ihre Proben untersucht hatten, „trotz der Hitze reichlich Sauerstoff. Reicht noch für die Fische. Wenn es aber weiter so warm bleibt, könnte der Teich kippen".

Die Männe blieben eine ganze Weile. Für Flori war es gar nicht mehr langweilig. Er schaute ihnen zu, wie sie mit ihren Geräten hantierten. Als sie endlich mit ihrer Arbeit fertig waren, schlug es vom nahen Kirchturm 12 Uhr. Mittag!

„Ich versuchs morgen noch mal", dachte Flori.

Als er am nächsten Tag zum Teich kam, glaubte er seinen Augen nicht zu trauen: Da schwammen, nein, da trieben einige Fische mit dem hellen Bauch nach oben an der Oberfläche. Tote Fische!

Was war geschehen? Was war mit dem Teich über Nacht passiert?

Erklärung:

Bei Tag erzeugen die grünen Wasserpflanzen mit Hilfe der Sonnenenergie viel Sauerstoff. Im lauwarmen Wasser wird jedoch weniger Sauerstoff gespeichert. Nachts dagegen verbrauchen die Pflanzen eine ganze Menge davon zum Atmen. Da kann der Sauerstoff knapp werden für die Fische. Das Einleiten von Abwässern, das zu einer enormen Vermehrung von sauerstoffzehrenden Algen führen kann, stört ebenfalls den Sauerstoff-Haushalt; ebenso eine starke Entnahme für Trink- oder Brauchwasser.

Ob der Boden eine Heizung hat?

Was für Fragen, werden Sie denken? Doch der Reihe nach. Mit Boden ist natürlich nicht der Fußboden gemeint, sondern die Erde unter dem Rasen, unter Bäumen und Sträuchern. Dazu gehört auch der Boden, den die Technik mit Beton und Asphalt zugedeckt hat.

Diese Frage sollten Sie an einem warmen Sommertag Ihrer Familie einmal stellen. Etwa während eines Spazierganges im Angesicht einer trockenen, gemähten Wiese. Achten Sie dabei auf alle Reaktionen und machen Sie alles mit bei dem Versuch, auf die Frage auch eine Anwort zu bekommen. Wenn Sie das erste Mal so fragen, müssen Sie auf allerlei gefaßt sein. Vielleicht bohrt Ihr Jüngster ein Loch in den Boden. Oder er tut so, als ob er die Heizung aus- und einschalten würde. Er könnte auch die Hand flach auf den Boden legen oder ihn sogar mit dem Gesicht berühren. Vielleicht sagt er dann, so mehr zu sich selbst, daß der Boden gar nicht kalt sei, eigentlich ganz angenehm warm. Dann dürfte Sie nichts mehr hindern, sich ebenfalls bäuchlings hinzulegen.

Bei diesem kleinen Experiment kommen Sie mit etwas Alltäglichem in Kontakt. Sie machen dabei eine ganz ungewöhnliche Erfahrung: Die Wärme, die Ihr Körper bald spüren wird, werden Sie vermutlich als sehr angenehm empfinden. Sie können sich dabei entspannen, und der Boden gewinnt für Sie eine neue Wertigkeit: Er wird für Sie ein Stück Natur, mit dem Sie sich vertraut gemacht haben.

... sich einfach mal auf die Wiese legen und die Wärme des Bodens spüren!

Kein Lehrbuchtext und kein TV-Schirm kann Ihnen diese Erfahrung vermitteln. Über Bodenarten, Bodenerosion, Bodenklima oder Bodengare informiert Sie jedes brauchbare Lexikon. Über ihre Erfahrung mit der „Bodenheizung" werden Sie dort jedoch kaum etwas finden! Sie sollten es bei nächster Gelegenheit einfach probieren!

Energie-Fabrik Sonne

Die Sonne begegnet uns schon in den ersten Kinderbüchern – meistens strahlend und pausbackig, eben sonnig. Wir wünschen uns einen langen und sonnenreichen Sommer, möglichst ohne Wolken. Sonne, das ist etwas, das wie die Erde und die Luft einfach da zu sein hat.

Es sagt sich auch so leicht, daß alle Energie, die die Lebewesen benötigen, von der Sonne kommt. Doch wie macht sie das? Wo bleibt die Energie, die täglich auf die Erde eingestrahlt wird? Wie „fließt" diese Energie von der Sonne zu den Pflanzen, Tieren und Menschen?

Jede Grünpflanze gleicht einer Maschine, die von der Lichtenergie der Sonne angetrieben wird. Durch die Photosynthese kann sie Blätter und Stengel wachsen lassen. Die Pflanzen speichern so Energie. Durchschnittlich ist das nur ein Bruchteil der von der Sonne auf die Erde eingestrahlten Menge. Der größte Teil der Lichtenergie wird in Wärme umgewandelt.

Von den Pflanzen, von der in den Blättern gespeicherten Energie leben die Pflanzenfresser. Ob Kuh, Reh, Hase oder Maus, sie alle wandeln wiederum nur 10 bis 20 Prozent der Gesamtenergie um. Denn die meisten Blätter fallen zu Boden, ehe sie von den Tieren gefressen und ihre Energie zu Fleisch und Knochen werden kann.

Auf der nächsten Stufe stehen die Fleischfresser. Wenn der Mensch ein Würstchen oder ein Schnitzel ißt, dann verwertet auch er wiederum nur etwa 10 Prozent. Um leben zu können, brauchen wir aber unsere Energie. Der Energietransport von Stufe zu Stufe arbeitet mit hohen Verlusten.

Solche Nahrungsketten sind eine geniale „Erfindung" der Natur. Danach ist jedes Lebewesen mit seinen Ausscheidungen und als Lebewesen selbst Grundlage für anderes Leben. Das beginnt mit den Pflanzen und reicht bis zum Menschen.

Absicht:

Mit dem Spiel „Energiefluß" können Sie Kindern stark vereinfacht verständlich machen, was mit der Sonnenenergie geschieht:

– Sie begreifen, daß der Energiefluß über die Nahrungskette von Stufe zu Stufe mit einem ungeheuren Energieverbrauch verbunden ist.

– Sie erkennen, daß ein höherer Energiebedarf durch eine größere Zahl von Verbrauchern zu vermehrter Landnutzung führt.

Für ein Brötchen muß der Bauer im Durchschnitt 21 Getreideähren ernten.

Ort:

an einem gut zugänglichen Bach oder Teich oder auf einer Wiese

Teilnehmer:

fünf Aktive, Zuschauer erwünscht

Material:

– fünf Behälter (10-Liter-Eimer oder Schüsseln mit der Aufschrift „Gras", „Kartoffelpflanze/pommes", „Rind/Würstchen" und „Wir" (zweimal));
– zwei Konservendosen (Inhalt 850 ml). Achten Sie bitte darauf, daß auf der offenen Seite keine scharfen Kanten sind;
– drei kleine Joghurt-Becher (Inhalt ca. 150 ml) und
– ein Schnapsglas (Inhalt 10 ml)

Lassen Sie ein großes Schild mit der Aufschrift „Sonne" schreiben.

Was Kinder über Nahrungsketten wissen sollten:

Die Sonne liefert die Energie für das Wachsen der Gräser. Das Rind frißt Gras und verwandelt dessen Energie in

Fleisch. Wir schlachten das Rind und können aus dem Fleisch z. B. Würstchen herstellen, die uns als Nahrung dienen.

Die Sonne liefert die Energie für das Wachsen der Kartoffelpflanzen. Wir ernten die Kartoffeln und verarbeiten sie weiter.

Verlauf:

– Die fünf Behälter mit den Aufschriften werden in einer Zweier- und einer Dreier-Kette in gleichen Abständen (10 oder 20 Meter) an vorher festgelegten Plätzen aufgestellt. Das große Sonnenschild stellen Sie am Bach- oder Teichufer auf (vgl. Abb. S. 86).

– Erzählen Sie den Kindern, daß Sie sich ein Energie-Wettrennen ausgedacht haben. Da es schwierig ist, im Spiel mit Energie umzugehen, Energie zu bewegen, nehmen Sie zum Veranschaulichen WASSER . Das Wasser im Bach oder im Teich ist die schier unbegrenzt zur Verfügung stehende Sonnenenergie.

– Die Teilnehmer sind die Energietransporter, die Energie zur nächsten Verbraucherstufe tragen.

– Zwei Teilnehmer halten je eine Konservendose, zwei je einen kleinen Becher und einer das Gläschen in der Hand.

– Vereinbaren Sie ein Start- und Schlußsignal.

– Auf das Startzeichen beginnt das Spiel „Energiefluß". Die „Energietransporter" schöpfen „Energie" aus dem Bach (von der Sonne), laufen damit zum „Gras", bzw. zur „Kartoffelpflanze" und schütten ihre Energie in die Gefäße (1. Stufe). Dann laufen sie zur „Sonne" zurück, holen neue Energie und laufen damit zu den Pflanzen und so weiter.

– An den Eimern der 1. Stufe stehen die Energieträger für die nächste Stufe. Sie schöpfen mit ihren Dosen Energie, tragen sie zum „Rind" bzw. zum „Wir" (2. Stufe). Dann laufen sie zurück, schöpfen neue Energie und so fort.

– Am „Rind"-Behälter wartet der Energietransporter mit dem Gläschen, der die Energie zum „Wir" trägt und dort ausschüttet (3. Stufe). Dann läuft er zurück, um neue Energie zu holen und so fort.

– Wenn die Gefäße der 1. Stufe voll sind, weil sie von den nachfolgenden Energietransportern nicht schnell genug geleert werden können, geben Sie das Stoppsignal.

Anmerkung: Jeder Teilnehmer bewegt sich nur zwischen seiner Quelle und seinem Abnehmer. Er darf erst loslaufen, wenn sein Schöpfgefäß voll ist. Da die Joghurt-Becher ein wenig zu groß sind, sollten sie nicht ganz gefüllt werden.

„Ich müßte viel, viel schneller laufen, um genügend zu sammeln! Wenn das mit der Energie wirklich genauso geht, ja dann ..." Was könnte Andy mit dem „ja dann" wohl gemeint haben?

Auswertung:

Alle kommen zu den Behältern und vergleichen die gesammelte Wassermenge (die gespeicherte Energie). Die Kinder finden heraus, daß auf jeder Stufe viel weniger Energie ankommt, das heißt, nur ein Bruchteil gespeichert wird.

Je länger die Nahrungskette, desto weniger kommt in einer bestimmten Zeit von der ursprünglichen Energie an. Doch jedes Lebewesen braucht seine Energie. Das bedeutet:

Je länger die Nahrungskette,

– desto weniger Lebewesen können von der vorhandenen Energie leben oder anders gesagt,

– desto mehr Landfläche benötigt ein Endverbraucher zum Stillen seines Energiebedarfs.

Bausteine des Lebens:
Stärke, Eiweiß, Zucker und Fette

Durch Sonnenenergie Energie „veredeln"

Hand aufs Herz! Wir gehen alle ziemlich sorglos mit Energie um. Wer macht sich schon Gedanken beim Verbrennen von Kohle und Öl? Wer bedenkt, daß die Natur oft Millionen Jahre braucht, um das herzustellen, was wir in Stunden verbrennen.

Die Umwandlung der in den Pflanzen (Holz) gebundenen Energie in Kohlen-Energie erfolgt in der Natur sehr langsam. Diesen Vorgang können Sie in einem Experiment nachahmen, bei dem sich in wenigen Minuten Holzspäne in Holzkohle verwandeln.

Alle Lebewesen müssen mit der Energiemenge auskommen, die ihnen die Natur liefert.

Absicht:

Mit diesem Versuch können die Kinder beweisen, daß
– die in der Kohle enthaltene Energie durch die Photosynthese der Pflanzen gebunden wurde;
– bei der Umwandlung von Sägespänen in Holzkohle Energie verloren geht.

Material:

Reagenzglas; Stopfen mit an der Spitze verengtem Glasröhrchen; Grillzange oder Klammer zum Halten des Reagenzglases; Briefwaage; Gasflamme; eine Handvoll Holzsägespäne; Flaschenbürste zum Reinigen des Reagenzglases

Verlauf:

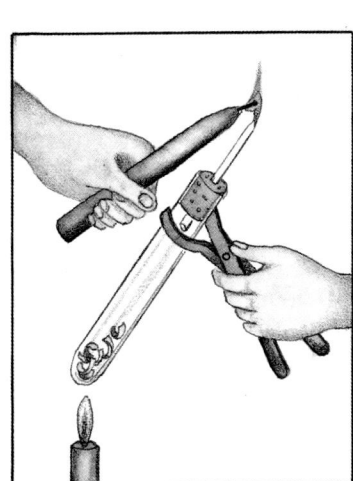

– Die Kinder wiegen zwei Gramm Holzsägespäne ab und schütten sie in das Reagenzglas. Dann wird das Glas mit dem Stopfen verschlossen (s. Abb.) und mehrere Minuten über der Gasflamme erhitzt. Halten Sie gleichzeitig eine brennende Kerze an die Spitze des dünnen Glasröhrchens. Bitte Spitze nicht in die Flamme halten.
– Alle beobachten, was geschieht und erzählen, was sie sehen.
– Nach dem Verlöschen der kleinen Flamme (Holzgas) ist die Umwandlung in Holzkohle weitgehend abgeschlossen. Die Kinder wiegen die Holzkohle, vergleichen das Gewicht von Sägespänen und Holzkohle. Was ist passiert?

Das größte Wunder der Erde

Was würden Sie antworten, wenn Sie das für Sie größte
Wunder dieser Erde nennen sollten? Die ägyptischen
Pyramiden? Die Niagara-Fälle? Den Gran Canyon?
Den Ärmel-Kanal-Tunnel? Die Tatsache, daß die Erde noch
nicht in die Luft geflogen ist?
Kinder werden dieses oder etwas anderes großartig finden.
Was auch immer sie wählen, es wird von ihnen für sehr be-
deutsam gehalten.
Ich selbst habe lange überlegt, was ich auf eine solche Frage
antworten würde. Früher hätte ich mich für eines der großen
Bauwerke entschieden, eins, das die Natur oder der Mensch
geschaffen hat. Inzwischen habe ich meine Meinung geän-
dert. Das größte Wunder der Erde ist heute für mich eine
grüne Pflanze. Ja, Sie haben richtig gelesen: Grüne
Pflanzen, ein Wunderwerk der Natur!
Vermutlich haben Sie während Ihrer Schulzeit etwas über die

Photosynthese gehört: Alle grünen Pflanzen nehmen Wasser, Nährstoffe und Kohlendioxid auf. (Das ist ein Gas, das Mensch und Tier ausatmen.) Mit Hilfe der Lichtenergie der Sonne bauen sie – insbesonders in den Blättern – Wasser und Kohlendioxid in Traubenzucker um. Dabei entsteht Sauerstoff als „Abfall", den die Pflanzen über winzige Öffnungen an der Unterseite ihrer Blätter „ausatmen".

Schon das ist ein Wunder: Pflanzen als „Sauerstoff-Fabrik". Würden sie verschwinden, dann hätten alle Lebewesen – auch Sie und ich und unsere zwei- und vierbeinigen Lieblinge – den Sauerstoff bald so weit verbraucht, daß wir nicht mehr leben könnten.

Doch die Pflanzen vollbringen noch ein weiteres Wunder. Sie verwandeln den Traubenzucker in Zucker, Stärke, Eiweiß und Fett, in die Grundbausteine der menschlichen und tierischen Nahrung. Sie stellen auch Zellulose her, aus der die Menschen viele nützliche, aber auch überflüssige Dinge machen.

Können Sie sich vorstellen, was es bedeutet, wenn wir auf der Erde dieses lebenswichtige Grün großflächig vernichten?

Lebensmittel kommen aus dem Supermarkt. Doch wer denkt beim Essen daran, daß die Mahlzeit das Ergebnis der Zusammenarbeit von Sonnenenergie, Boden, Wasser, Menschen, Tieren und Pflanzen ist!

Absicht:

Die Photosynthese ist ein komplizierter Vorgang, der auf einfache Weise nicht nachgeahmt werden kann. Dagegen sind die Stoffe, die die Pflanze mit Hilfe der Photosynthese auf- und umbaut, leicht nachzuweisen. Mit Hilfe einfacher naturwissenschaftlicher Versuche können Sie und die Kinder beweisen, daß grüne Pflanzen

– Stärke, Eiweiß, Zucker und Fett aufbauen;
– Sauerstoff erzeugen.

Wenn wir sehr müde sind, dann können wir den Tag zur Nacht machen. Sie kennen sicherlich Tiere, die erst bei Dunkelheit aktiv werden.
Bei Pflanzen sind mir keine Tagschläfer bekannt. Woran das wohl liegt? Und doch können Sie blühende Pflanzen auch tags zum „Schlafen" bringen. Wenn Sie ihnen die Sonne nehmen, schließen sich die Blüten. Ohne Sonne und genügend Wärme ist der Stoffwechsel gestört, läßt der Wasserdruck in den Zellen nach.

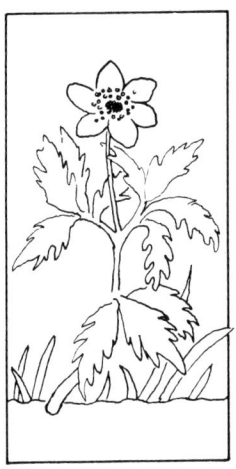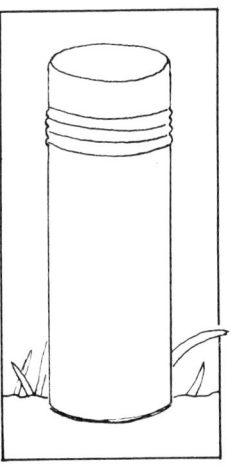

Blätter und Blüten sind Wunder der Natur.

Versuch 1 und 2: Zucker und Fett durch Photosynthese

Am einfachsten läßt sich Zucker in ausgereiften Früchten nachweisen. Sie schmecken in der Regel süß (Geschmacksprobe).

Auch der Nachweis von Fett ist nicht schwer. Wenn Sie einen Pflanzensamen auf Papier zerdrücken, bleibt ein Fettfleck zurück (Fettfleckmethode). Im Gegensatz dazu verschwindet ein Wasserfleck nach einiger Zeit fast gänzlich.

Versuch 3: Ohne Licht keine Photosynthese und keine Stärke

Material:

Für jeden Teilnehmer je zwei grüne Blätter (Geranie, Kapuzinerkresse, Blätter von Bäumen); Teller

Dauer:

ein Tag

Verlauf:

Legen Sie die beiden Blätter nebeneinander am Morgen ins helle Sonnenlicht. Decken Sie ein Blatt mit dem Teller gut ab, so daß es kein Sonnenlicht erhält. Schon am Nachmittag können Sie beachtliche Veränderungen feststellen. An dem abgedeckten Blatt fand keine Photosynthese statt.

Versuch 4: Sauerstoff durch Photosynthese

Material:

ein Reagenzglas oder ein durchsichtiges Tablettenröhrchen; ein durchsichtiger Glastrichter; ein Marmeladen- oder Einmachglas; eine starke Lampe (auch Dia-Projektor); Wasserpest (Gibt es in jeder Zoohandlung. Sie wächst aber auch in Teichen und Seen in großen Mengen.)

Verlauf:

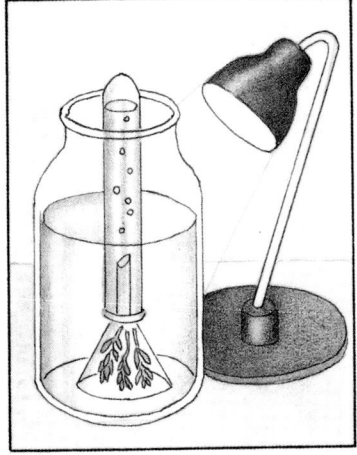

– Nehmen Sie einen Sproß Wasserpest und schneiden Sie ihn UNTER WASSER an. Dann stecken Sie ihn mit der Schnittfläche nach oben in den Trichter, stellen den Trichter ins Einmachglas und füllen es mit Wasser.
– Füllen Sie das Röhrchen vollständig mit Wasser. Halten sie die Öffnung mit einem Finger zu und setzen Sie das Gläschen unter Wasser auf den Trichter.
– Die nach einiger Zeit aus der Schnittstelle austretenden Bläschen sind Sauerstoff, der am Ende des Gläschen das Wasser verdrängt. (Auch in einem Aquarium steigen bei starken Sonnenbestrahlung Sauerstoffbläschen auf.)

Versuch 5: Die Lichtstärke beeinflußt die Photosynthese

– Bestrahlen Sie das Röhrchen mit der Wasserpest mit einer starken Lampe aus 100 cm, 50 cm und 10 cm Entfernung, jeweils zwei Minuten lang. Mit der Entfernung verändern Sie die Lichtmenge, die auf die Pflanze trifft. Notieren Sie jedes Mal die Zahl der aus der Schnittstelle der Wasserpest aufsteigenden Sauerstoffbläschen.
Achtung: Machen Sie nach jedem Versuch 5 Minuten Pause.

Versuch 6: Eiweiß durch Photosynthese

Material:

Kartoffel; Leinenlappen; kleines Gefäß zum Kochen

Verlauf:

– Eine Kartoffel zerreiben, den Brei durch einen Leinenlappen filtern und einige Zeit stehen lassen;
– Das überstehende Wasser behutsam abgießen und eine Probe davon erhitzen.

Ergebnis:

Beim Erhitzen des Kartoffelwassers gerinnt das Eiweiß und bildet einen weißen, flockigen Niederschlag.

Jedes Lebewesen hat einen Lebensraum

Der alte knorrige Apfelbaum

Es war ein sonnenwarmer Frühlingstag. Am Himmel schwebten viele weiße Wolken – so, als hätte ein Maler kleine Wattebäusche hingetupft.

Auf einer großen Wiese standen viele Apfelbäume. Sie reckten und streckten sich. Ihre Knospen platzten auf und umgaben die Bäume mit rosaweißen Blütenwolken.

Die Bäume sahen sich alle sehr ähnlich, fast glich einer dem anderen. Wie Zwerge standen sie auf kurzen Beinen mit dicken Blätterköpfen in Reih und Glied. Alle waren fast gleich groß. Sie sahen aus, als ob sie eben beim Frisör gewesen wären. Und in der Rinde gab es kaum Risse und Buckel!

Etwas abseits, ein wenig einsam, stand einer, der paßte überhaupt nicht zu dieser feinen Gesellschaft. Er sah ganz anders aus, so, als ob er gar nicht dazu gehörte; und es war doch ein Apfelbaum, ein alter, knorriger Apfelbaum. Er überragte die anderen um Haupteslänge. Seine Äste waren krumm und die Rinde rissig und rauh. Sogar ein paar Astlöcher hatte er sich zugelegt. Mit den Baumzwergen hatte er nur die rosaweiße Blütenwolke gemeinsam.

Plötzlich flog ein kleiner ockergelber Schmetterling geradewegs auf die Bäume mit den frisierten Köpfen zu.

„Wo kommst du denn her? Du hast doch hier gar nichts zu suchen!", sagte einer der Köpfe überrascht und vorwurfsvoll.

„Vom alten Apfelbaum. In seiner rissigen Rinde habe ich überwintert," antwortete der Schmetterling.

„Immer dieser alte Kerl mit seinem Ungeziefer!", schimpfte ein anderer Baumkopf. „Der sollte schon längst gefällt sein!"

„Geh weg! Geh weg!", schrien da alle Apfelbaumköpfe zusammen. „Wir wollen nicht, daß du bei uns deine Eier legst, aus denen so schmutziggraue Raupen herauskriechen. Wir wollen keine Flecken auf der Schale unserer Früchte und keine Maden im Fleisch! Was würden da die Menschen sagen!"

Und einer rief nach dem Mann mit dem langen Rohr, der dieses Ungeziefer sofort wegspritzen sollte.

Der Schmetterling bekam einen großen Schreck und flog, so schnell er nur konnte, zu seinem alten Apfelbaum zurück. Mit ihm flog ein Meisenpaar. Es hatte auf den Baumzwergen keinen Platz zum Brüten gefunden. Und keine einzige Raupe. Richtig hungrig waren sie vom vielen Suchen geworden.

„Nichts wie weg", rief das Weibchen, „bevor die Menschen mit dem Spritzrohr kommen."

„Laßt euch doch bei mir nieder," rief da der knorrige Apfelbaum, „bei mir gibts Raupen und Blattläuse und Insekten in Hülle und Fülle."

„Ja, kommt nur," rief ein Rotkehlchenpaar, das sich schon häuslich eingerichtet hatte, „für euch reichts allemal".

„Darf ich auch bei dir bleiben?" fragte zaghaft der Schmetterling. Er dachte an die Raupen, die aus seinen Eiern schlüpfen würden. Einigen gelang es sicherlich, sich in einem Apfel fett zu fressen.

„Warum nicht," erwiderte der alte Apfelbaum, „für deine Raupen ist überall Platz. Auf ein paar Äpfel kommts mir wirklich nicht an. Und die Kinder, die manchmal einen madigen Apfel erwischen, die spucken das Stück aus. Oder schlucken es einfach runter. Ich hab noch keinen Menschen gesehen, den eine Made im Bauch gezwickt hätte."

„Auch wir brauchen deine Raupen," mischte sich das Meisenmännchen ein. „Wie sollten wir sonst unsere Jungen satt kriegen!"

Immer mehr Gäste kamen: Die Gartenrotschwänzchen und Ohrwürmer, sogar eine Fledermaus war dabei. Alle hieß der alte, knorrige Apfelbaum willkommen.

Was Du nicht wünschst, das man dir tu, ...

„Bleib doch sitzen und iß erst zu Ende!" Wer hat nicht als Kind diesen Stoßseufzer der Eltern mehr als einmal gehört. In Ruhe essen sei sehr wichtig, sagen uns die Mediziner, denn Unruhe und Hast erzeugen Streß, belasten und machen krank.

Zum Entspannen joggen wir auf einsamen Waldwegen. Im Winter legen wir querfeldein eine Skispur oder testen auf dem Moped abseits der Straße unsere Fahrkünste. Doch wer bedenkt dabei, daß er in die Lebensräume von Reh- oder Birkhuhnwild eindringt. Er stört sie beim Fressen, löst Fluchtreaktionen aus und bringt so Unruhe in ihren Tagesablauf. Unruhe ist aber gleichbedeutend mit erhöhtem Energieverbrauch, mit vermehrtem Nahrungsbedarf.

Die Folgen können vielfältig sein:
- Die Tiere wandern in „ruhigere" Gebiete ab, wo sie aber in zusätzliche Nahrungskonkurrenz mit Artgenossen treten.
- Zusätzlicher Nahrungsverbrauch kann zur „Überweidung" führen, die wiederum ein verringertes Nahrungsangebot zu Folge hat.
- Nahrungsmangel erfordert Anpassen der Geburtsrate und Verminderung des Bestandes.
- Die Muttertiere verlassen ihre Jungen und kehren bei anhaltenden Störungen nicht mehr zurück.

Es fällt Ihnen sicherlich nicht schwer, sich eine Familie vorzustellen, die mit Kind und Hund sonntags im Wald spazieren geht. Die Freude und Überraschung ist im allgemeinen groß, wenn sie auf ein Rudel Rehe stößt, das friedlich auf einer Lichtung äst. Doch Mensch und Vierbeiner stören, und die Tiere rennen davon.

Die eigene Schuld ist oft nur schwer zu erkennen!

Absicht:

Bewußt machen, daß der Freizeitspaß des einen häufig das Leben anderer stört und belastet.

Ort:

Wald- oder Wiesenweg

Teilnehmer:

mindestens drei

Material:

Trillerpfeife; Uhr mit Sekundenzeiger

Vorbereitung:

Zeigen Sie den Kindern, wie sie selbst ihren Pulsschlag messen können.

Verlauf:

Die Kinder müssen sich vorstellen, Rehe zu sein, die als Pflanzenfresser viel Zeit zum Äsen, Kauen und Verdauen brauchen.

– Messen Sie vor Beginn des Spiels den Pulsschlag, der in unserem Spiel die Stärke der Belastung simulieren soll. Bei Erwachsenen liegt er normalerweise bei 80, bei Kinder etwa bei 100 (Handgelenk, Hals). Achten Sie darauf, daß die Kinder zuvor nicht getobt haben, sondern eine Ruhepause von ein paar Minuten hatten.

– Die Kinder bewegen sich ganz langsam an einem Platz und ahmen so das Äsen der Tiere nach.

– Auf ein Signal (Pfiff), das die Störung darstellt, rennen die Kinder schnell auf allen Vieren ca. 20 Meter weit weg und bewegen sich dann wieder ganz ganz langsam. Die Strecke muß vorher festgelgt werden.

– Nach einer Pause von ca. zehn Sekunden – je nach Vermögen der Kinder – folgt die zweite, dann die dritte und die vierte Störung mit kürzeren Pausen.

– Danach messen Sie sofort den Puls, vergleichen die Werte und lassen die Kinder erzählen, wie es ihnen ergangen ist und wie es den Tieren wohl nach solchen Störungen geht.

– Überlegen Sie gemeinsam, wie sie solche Störungen weitgehend vermeiden können.

Sich in eine andere Rolle hineinversetzen heißt verstehen.

Leben Bäume?

Zu Bäumen gewinnen wir im Laufe unseres Lebens vielfach ein besonderes Verhältnis. Ich denke dabei weniger an Bauminschriften als an das hohe Alter von Bäumen, an ihre mächtigen Stämme und Kronen. Wenn der Mensch sie in Ruhe wachsen läßt, werden sie einige hundert oder sogar einige tausend Jahre alt. Mich beeindruckt so etwas. Die Frage „Ob Bäume leben?" beflügelt die Phantasie der Kinder. Sie können leicht feststellen, daß Bäume wachsen, ihre Stämme dicker und die Äste länger werden. Nur Nadeln und Blätter haben recht bald ihre Größe erreicht. Bäume werden geboren und haben gleich anderen Lebewesen Ansprüche: Sie brauchen Nahrung und Wasser und Platz zum Leben. Sie wachsen und vermehren sich, sie müssen sich gegenüber anderen Gewächsen durchsetzen, sie haben ihren eigenen Geruch, sie erleiden Unfälle und müssen auch sterben. Bäume verändern sich, wie sich auch Tiere und Menschen verändern: von Tag zu Tag kaum wahrnehmbar, auffällig dagegen von Jahreszeit zu Jahreszeit. Doch im Unterschied zu Mensch und Tier können Bäume, einmal angewachsen, ihren „Geburtsort" nicht mehr verlassen.

Nur als Samen haben sie die Chance des Ortswechsels. Wenn ein Kind jedoch meint, Bäume ließen sich sehr wohl fortbewegen – nämlich in Blumenkübeln – so freuen Sie sich über so viel Naseweisheit.

Leben Bäume wirklich? Geben Sie den Kindern Gelegenheit, mit einem Baum vertraut zu werden und eigene Antworten auf diese Frage zu finden.

Absicht:

Die Kinder sollten so früh wie möglich mit Bäumen als einem Teil der Umwelt vertraut werden. Sie können dabei Unterschiede, Ähnlichkeiten und Muster erfassen. Aus dem Vertrautsein mit Elementen der Umwelt kann Wertschätzung und ein Gefühl des Schützenwollens erwachsen.

Material:

dünnes, reißfestes Papier (Computerpapier); Wachsmalstifte; Stadtplan bzw. topograpische Karte 1 : 25.000 des Erkundungsgebietes

Ein Baum ähnelt einer Stadt. Er ist Lebensraum für viele Lebewesen. Und manchmal wird ein Baum sogar zum „Spielhaus".

Ort:

Wald mit verschiedenen Baumarten sowie unterschiedlichen Stammstärken; Streuobstwiese; Baum als Naturdenkmal

Mit einer Baumerkundung kann es anfangen ...

Teilnehmer:

Günstig sind Dreier-Gruppen.

Verlauf:

– Zwei Teilnehmer drücken das Papier an die Rinde. Der Dritte reibt vorsichtig mit einem Wachsmalstift darüber. Mit verschiedenen Farben lassen sich kleine Kunstwerke reiben.
– Lassen Sie die Rindenabdrucke vergleichen. Toll wäre es, wenn die Kinder in dem scheinbaren Chaos Muster entdecken würden.
– Kinder fragen gern nach den Namen von Dingen. Sie können zuerst einen eigenen erfinden. Sie selbst sollten aber die wichtigsten Bäume benennen können.

Baumrinden haben geheimnisvolle Oberflächen. Es macht nicht nur Kindern Spaß, sie zu entdecken. Sie lassen sich auf einfache Weise festhalten. Es entstehen kleine Kunstwerke, denen ihr auch einen Namen geben könnt.

In Dörfern und Städten finden Sie da und dort Einzelbäume am Straßenrand, manchmal auch ganze Alleen. Viele dieser Bäume hat man inzwischen „pflegeleicht" gemacht. Sie sind bis an den Stammrand zubetoniert oder mit einem Eisengitter umrundet – ein Sammelplatz für Zigarettenkippen, Flaschenkorken und andere Abfälle. Es gibt aber auch ehrwürdige Baum-Originale mit eigener Geschichte. Fragen Sie beim lokalen Geschichtsverein oder im Heimatkundemuseum nach.

Einige dieser Bäume sind als Naturdenkmal (ND) sogar geschützt und in der topographischen Karte oder im Stadtplan vermerkt.

Der Wert des Obstes für Ernährung und Gesundheit ist so richtig erst vor 200 Jahren erkannt worden. Damals ordnete die Obrigkeit an verschiedenen Orten an, daß Brautleute bis zur Hochzeit eine bestimmte Anzahl von Obstbäumen zu pflanzen hätten.

Noch vor wenigen Jahrzehnten standen alte, hochstämmige Obstbäume einzeln oder in Gruppen an Straßen und Gräben und an Hängen der Mittelgebirge. Sie gaben der Landschaft ein besonderes Gepräge. Im Zuge der Einsparung von Arbeit kamen sie in den vergangenen Jahrzehnten „außer Mode". Auch hatten die Früchte gegen das makellose, geschmacksneutrale Tafelobst keine Chance. Die Qualitätsnormen für Steinobst verbieten sogar den Verkauf schorfiger Äpfel und Birnen. Und die Europäische Gemeinschaft zahlte Rodungsprämien für die Beseitigung dieser Baumbestände. Sie kennen die Folgen!

In den letzten Jahren sind die alten, hochstämmigen Obstbäume da und dort wieder zu Ehren gekommen.

Vereinzelt haben Vogelschutzgruppen und Bürgerinitiativen „Streuobstwiesen" gepachtet, um die Bäume mit zum Teil selten gewordenen Obstsorten vor einer „Sanierung" zu bewahren. Denn Streuobstwiesen sind mehr als eine Augenweide: Sie sind Lebensraum für etwa 50 Arten von Brutvögeln und andere Tierarten, die in der intensiv landwirtschaftlich genutzten Flur vom Aussterben bedroht sind.

Fragen Sie bei der örtlichen Vogelschutz- oder Naturschutzgruppe oder beim Obst- und Gartenbauverein nach solchen Aktionen. Helfen Sie und die Kindern mit, diese Bestände und damit VIELFALT zu erhalten. Streuobstgebiete können auch als „Geschützter Landschaftsbestandteil" ausgewiesen und so unter Schutz gestellt werden.

Was Sie alles machen können, aber nicht tun müssen:

– Sich an Sammelaktionen beteiligen, um Streuobstwiesen pachten oder kaufen zu können;

– Lücken zwischen den Altbeständen mit standortgeeigneten, gegen Krankheiten und Schädlinge widerstandsfähigen Sorten auffüllen;

– Eine Patenschaft für einen Baum übernehmen. Lassen Sie sich zuvor vom Naturschutzzentrum Hessen in Wetzlar (Friedenstr. 38) ein Muster für einen Patenschaftsvertrag schicken;

Einen Baum pflanzen – das ist für Kinder etwas Faszinierendes.

– Die Baumkrone jährlich auslichten. Fachleute von Obst- und Gartenvereinen zeigen Ihnen, wie man das macht;
– Das Gras unter dem Baum im Juli nach der Blüte der Gräser mähen;
– Mit natürlichem Dünger düngen;
– Im September Leimringe zur Bekämpfung des Frostspanners anlegen und nach dem ersten Frost wieder abnehmen; Nistplätze für Ohrwürmer aufhängen, die eine Vorliebe für Blattläuse haben;
– In Absprache mit dem Vogelschutz einen geeigneten Nistkasten für Vögel und Fledermäuse aufhängen.
Sollten Sie ein Liebhaber des populären hessischen und Frankfurter „Nationalgetränks", des „Äppelwoi" sein, haben Sie zusätzlich einen gewichtigen Grund, aktiv zu werden und den Speierlingen zu helfen. Einige besondere Exemplare dieser Apfelbaumart sind sogar als Naturdenkmale unter Schutz gestellt worden.
Wenn Sie mit Kindern eine Baumpatenschaft übernehmen wollen, sollten Sie auf jeden Fall lesen: „Streuobstwiesen", herausgegeben vom Hessischen Ministerium für Landwirtschaft, Forsten und Naturschutz.

Diese Broschüre können Sie kostenfrei beziehen vom:
Referent für Presse und Öffentlichkeitsarbeit
Hölderlinstr. 1 – 3
6200 Wiesbaden

Turmfalken beantworten die Frage: „Wo ist dein Land? Mein Land? Oder ist hier unser Land?" auf ihre Weise. Dieser Schnappschuß entstand im 4. Stock eines Hochhauses.

Mein Land – dein Land – unser Land!

Wir Menschen zäunen unser Grundstück ein, verschließen die Wohnungstür, bringen eine Alarmanlage an und stellen irgendwo im Gelände Pfähle mit Symbolen unseres Staates auf. Und die Nachbarn und wiederum deren Nachbarn machen es ebenso. Wir grenzen auf diese Weise unser Territorium ab, um es zu sichern, um letztlich ungebetene „Nahrungskonkurrenten" abzuwehren.
Anspruch und Verteidigung eines Territoriums ist in der Natur von großer Wichtigkeit: Es
– sichert einen ausreichenden Raum zum Leben;
– vermeidet die Übernutzung;
– ermöglicht eine annähernd gleichmäßige Verteilung über das zur Verfügung stehende Gebiet. Diese Verteilung ist das Ergebnis eines gegenseitigen „Drucks" der Nachbarn. Sind die Lebensbedingungen für eine Art an einem Standort besonders günstig, werden andere Arten von ihr in der Entwicklung gehemmt und sogar verdrängt. Wer denkt da nicht sofort an den Menschen?

Absicht:

Im Verlauf eines Spiels
– lernen Sie naturwissenschaftliche Methoden kennen, mit deren Hilfe Sie und die Kinder Informationen über die Umwelt sammeln und Aussagen über deren Zustand machen können.
– erfahren Sie, daß es in der Natur neben abgegrenzten

Lebensräumen auch Übergangszonen mit einem Neben- und Miteinander von Tieren und Pflanzen gibt. In der Natur gibt es neben „Mein Land" und „Dein Land" auch „Unser Land". – können Sie begreifen, daß alles Leben auf der Erde ursprünglich von natürlichen Gegebenheiten abhängt.

Teilnehmer:

mindestens fünf oder sieben Teilnehmer; zwei gleich große Gruppen und ein Unparteiischer

Ort:

Wald mit Waldwiese

Material:

Für diese Aktivität werden zahlreiche Materialien gebraucht, die im Haushalt größtenteils nicht vorhanden sind. Sprechen Sie sich mit Freunden ab. Manches können Sie auch beim Forstamt, vom Umweltzentrum und ähnlichen Einrichtungen ausleihen. Kaufen Sie das eine oder andere. Eine kleine Gerätesammlung lohnt sich! Sie werden staunen, wie gern Ihre Kinder mit diesen Geräten arbeiten wollen.

zwei Luftthermometer;
zwei Lichtmesser (geht auch mit Fotoapparaten);
zwei pH-Boden-Tester;
zwei Schaufeln (Profis besorgen sich einen Bohrstock);
zwei Lineale;
zwei Schreibunterlagen mit Blatt zum Datensammeln und ein Bleistift;
sieben große Papierfähnchen in zwei verschiedenen Farben/ Mustern;
Hüte, Hemden, Hosen u. a. zum Verkleiden;
ein großer Bogen Papier mit folgender Aufteilung:

Meßpunkte	1	2	3	4	5	6	7
Lufttemperatur							
Bodentemperatur							
Bodenfeuchtigkeit							
pH-Wert, Boden							
Lichtwert							

Vorbereitung:

Diese Aktivität müssen Sie ganz besonders sorgfältig vorbereiten. Dazu gehört, daß zumindest Sie mit den Meßgeräten sachgerecht umzugehen wissen. Sie müssen ferner ein Gebiet aussuchen, das zwei unterschiedliche Lebensräume aufweist (z. B. Wald und Wiese). Zwischen beiden sollte eine mehrere Meter breite Übergangszone vorhanden sein (z.B. Wiese mit Büschen und Sträuchern).

Markieren Sie auf einer Geraden mit den Fähnchen sieben oder neun Punkte so, daß je eins inmitten des Waldes und der Wiese liegt. Das sind die „Hauptstädte" der Länder Wald und Wiese, von „Mein Land" und „Dein Land".

Je zwei weitere Fähnchen stecken Sie bis kurz vor die „Grenze" ihres Landes. Mit den letzten Fähnchen markieren Sie jeweils Ihre Grenze gegenüber dem anderen Gebiet. Optimal wäre es, wenn die letzten Fähnchen der Länder nebeneinander stehen würden.

Verlauf:

– Lassen Sie zwei gleich große Gruppen bilden. Die beiden Gruppen sollten sich als Bewohner unterschiedlicher Territorien äußerlich unterscheiden. Das kann mit Papiermützen, Hüten, Schminke oder was auch immer geschehen. Den Kindern fällt da schon etwas ein. Erfinden Sie für Ihr Gebiet, die Städte und die Leute, die sie bewohnen, lustige und phantasievolle Namen.

– Suchen Sie sich einen Partner, mit dem Sie den Teilnehmern ein kleines Streitgespräch vorführen. Sie können hierzu auch zwei argumentierfreudige Kinder „anstiften".

– Jeder beansprucht lautstark sein Territorium – der eine den Wald und ein wenig darüber hinaus zur Wiese, der andere die Wiese und ebenfalls ein wenig vom Waldrand. Die „Grenze" ist umstritten. Jeder versucht, den anderen durch Argumente von seinem richtigen und berechtigten Anspruch auf die Übergangszone zu überzeugen.

Die einfachsten Argumente sind immer die, mit denen auf die gleichen oder zumindest sehr ähnlichen Lebensbedingungen hingewiesen wird. Nicht vergessen werden dürfen die Bewohner (auffällige und häufig anzutreffende Pflanzen), denen sich jede Seite zutiefst verpflichtet fühlt. Selbstverständlich besteht jeder darauf, die einzig wahren Begründungen zu haben. Die anderen gelten als unglaubwürdig, denen eben nicht zu trauen ist!

– Das ist das Stichwort für den Unparteiischen. Er muß nun

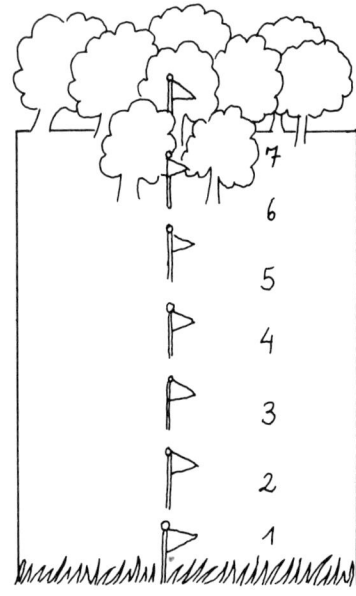

die Gruppen davon überzeugen, daß sie ihre handfesten Gründe nicht nur vorbringen, sondern auch beweisen müßten. Am besten wäre es doch, wenn jede Gruppe an sieben vorher markierten Punkten die Lebensbedingungen ihres Territoriums untersuchen würde. Sie sind in unserem Spiel bestimmt durch

– Lufttemperatur in ein Meter Höhe,
– den pH-Wert,
– die Lichtstärke,
– die Bodenfeuchte und
– die Bodentemperatur.

Seien Sie offen für zusätzliche Vorschläge, wenn sie sich verwirklichen lassen.

– Die Gruppen fangen mit ihren Messungen in ihrer Hauptstadt im Zentrum ihres Territoriums (Punkt 1 bzw. 7) an und bewegen sich in Richtung „Grenze" (Punkt 4). An jedem Punkt notieren sie die gemessenen Daten.

Auswertung:

Die Gruppen tragen abwechselnd ihre Daten vor, beginnend mit der Hauptstadt. Sie werden feststellen, daß

– die Unterschiede nur zu Beginn beträchtlich sind;
– es in der Natur eigentlich keine festen, starren Grenzen gibt;
– die Übergänge fließend sind;
– es auch ein „UNSER LAND" mit Ähnlichkeiten und Gemeinsamkeiten gibt.

Ein Spielplatz für Kinder – von Kindern

Unsere Traumstraße

Ist es Ihnen auch so ergangen? Zuerst hatten es mir die Geschichten aus Märchen und dem Schlaraffenland angetan. Über Karl May kam ich sehr bald zu Zukunftsromanen und später zu Science Fiction. Hans Dominik und Jules Verne gehörten zu meinen Lieblingsautoren, und heute lese ich im Urlaub gern einmal Isaac Asimov. Diese Romane sind eine Mischung von Utopie, fernen Welten, Abenteuern und Realität in Form menschlicher Schicksale oder von der Technik eingeholter Zukunft, die immer wieder fasziniert.

Warum nicht ein wenig Science Fiction in die eigene Wohn-Umwelt holen? Warum nicht mal gemeinsam ausmalen, wie Ihre Wohnstraße als „Traumstraße" aussehen könnte, wie sie sein sollte, damit sich alle wohlfühlen können.

Die Straße kann zum Lernort werden, den Kinder nutzen und erkunden.

Zu dieser Straße gehört der Vorgarten und der Hinterhof, der Zaun zum Nachbarn, der Gehsteig und der Radweg. Dazu gehören auch der Vorplatz für die Garage oder der Abstellplatz fürs Auto, das Garagentor, das Verkehrsschild an der nächsten Ecke, der kleine Park und der Spielplatz. Und selbstverständlich auch das Haus mit seinen meist nackten Wänden.

Sie sollen und können Ihre Straße nicht auf den Kopf stellen. Doch da und dort ein wenig verändern, ein wenig lebensfreundlicher machen, das schaffen Sie schon. Und wenn es nur ein paar Schritte in Richtung „Traumstraße" sind, die für alle da sein sollte.

Absicht:

Mit „Unsere Traumstraße" möchte ich Sie verleiten,
– selbst in Ihrer eigenen Wohnumwelt aktiv zu werden;
– Ihre Aktivität in einer kleinen Foto-Ausstellung zu dokumentieren und wenn es nur fürs Familien-Album ist;
– mit zwei einfachen Versuchen nachzuweisen, wie sich Staub auf natürliche Weise ein wenig vermindern läßt und wie vom Menschen verursachte Abgase gefährlichen Smog verursachen;
– andere zum Mitmachen zu gewinnen.

Material:

Bilder aus Illustrierten; ein Stück Tapete; Klebstoff; Stifte; Fotoapparat

1. Von der Straße zur Traumstraße

– Sammeln Sie zu Ihrer Traumstraße Ideen. Die Kinder können ihre Vorstellungen malen.
– Gehen Sie mit den Kindern auf Foto-Jagd. Halten Sie alles im Bild fest, wie es ist. Sie werden staunen, wie Sie und die Kinder über die Fotolinse ein ganz neues Bild von der Straße und eine interessante Foto-Sammlung dazu bekommen.
– Kleben Sie die Bilder auf einen großen Bogen Papier zu einer Kollage.
– Vermutlich entdecken Sie in anderen Dörfern und Städten viel Nachahmenswertes. Halten Sie die Augen offen, und dokumentieren Sie diese Beispiele durch einen Fotoklick!

2. Wie und wo Sie aktiv werden

– Lassen Sie in den Ritzen zwischen den Gehsteigplatten Moose, Löwenzahn und Wegerich leben. Bei mir wachsen dort sogar Walderdbeeren!
– Maschendrahtzäune zum Nachbarn können Sie mit Büschen und Sträuchern unsichtbar und überflüssig machen.
– Immergrünes Efeu an Hauswänden sieht schön aus und isoliert gegen Hitze und Kälte.
– Ihre Kinder kennen keine Schmetterlinge mehr? Wie wärs mit einem Stück Ökowiese für Insekten anstatt des monotonen Vorgartengrüns? Den preiswertesten Samen liefert Ihnen übrigens die Natur gratis. Sie können aber auch frisch getrocknetes Heu über Papier ausklopfen.
– Bei „Tempo 30" und „Für Anlieger frei" ist die Straße auch zum Spielen da. Der Gehsteig bietet oft reichlich Platz für bunte Kreidebilder.

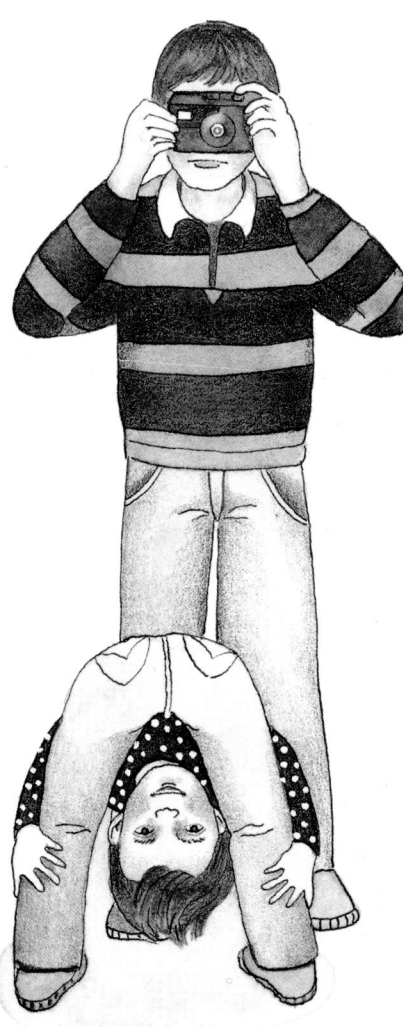

Auf Einkaufstour:

Mit dem Rad zur Stadtbücherei?
Dauert doch viel zu lange!
Wir haben doch 'n Auto!

Auto? Hör' ich recht!
Für das kurze Stück!

Ätsch! Wir sind schneller!

Kein Parkplatz! – Ätsch! Ich bin
schon fertig!

– Betonkübel sind für die Straße wirklich keine Zier. Suchen Sie gemeinsam mit der Gemeinde eine bessere Lösung.
– Mit Autos zugestellte Fahrradwege sind leider ein verbreitetes Übel.
Wie wärs, wenn Sie mit Ihren Nachbarn für eine „Freie Fahrt für Fahrräder" aktiv würden?
– Da und dort werden sogar Straßenfeste organisiert. Sie bieten die Chance, auch mit dem übernächsten Nachbarn ins Gespräch zu kommen. Sie solltens mal probieren! Schon das Vorbereiten kann nicht nur Arbeit, sondern auch Spaß machen.
– Haben Sie schon mal als Fußgänger vor einer geschlossenen Bahnschranke gewartet? Gibt es in der Nähe Ihrer Wohnung eine stark befahrene Kreuzung mit Ampelregelung? Hier wie dort können Sie und die Kinder interessante Beobachtungen machen: Wieviele Personen sitzen jeweils im Auto? Wieviele Fahrer schalten den Motor ab?
Es wird häufig sehr mühsam sein, etwas zu verwirklichen, wenn es über die Wohnung oder das eigene Grundstück hinausgeht. Der Behördenweg braucht seine Zeit. Aber Sie und Ihre Familie sind Bürger dieser Gemeinde und mitverantwortlich. Versuchen sollten Sie es. Wichtig ist, daß Sie sich faßbare und umsetzbare Wünsche ausdenken. Jeder kann etwas tun. Wenn eines Tages Ihr Sprößling Sie auffordert, zum Zeitungholen beim Kiosk das Fahrrad zu nehmen und nicht das Auto, wäre das schon ein kleiner Erfolg für Ihre Traumstraße. Dann können Sie schmunzelnd in die Pedale treten.

Ein Besuch auf der Gemeindeverwaltung

Besprechen Sie mit den Kindern ausführlich den geplanten Besuch und suchen Sie vorher einen Ansprechpartner.
Wichtige Fragen:
– Wie kommt eine Entscheidung in der Gemeinde zustande?
– Was können wir tun?
– Wer kann uns helfen?

Versuch 1: Nur ein bißchen Staub ...
Absicht: Mit Hilfe eines einfachen Versuches nachweisen, daß Straßen Staubquellen sind, wie sie es in dieser Stärke nicht sein müßten.

Material:
Tesa; weißes Papier

Verlauf:

– Kleben Sie je ein drei bis vier Zentimeter langes Stück Tesa
auf die Nadeln/Blätter eines Baumes/Strauches in gleicher
Höhe
a) unmittelbar am Straßenrand,
b) drei bis vier Meter entfernt von der Straße aber zur
Straßenseite hin,
c) drei bis vier Meter entfernt von der Straße, aber hinter den
Sträuchern, von der Straßenseite abgewandt.
– Ziehen Sie das Tesa danach wieder ab und kleben Sie
die Streifen auf ein Stück weißes Papier. Sie werden erstaunliche Unterschiede in der Verschmutzung feststellen können.

Versuch 2: Nur ein bißchen Qualm ...

Absicht: Mit Hilfe eines einfachen Versuches nachweisen, wie
besonders in Ballungsgebieten der von vielen Menschen
gefürchtete Smog entsteht.

Material:

Ein durchsichtiger Zylinder, ca. 25-30 cm hoch, 3-4 cm im
Durchmesser und an einer Seite geschlossen. Etwa 1 cm
über diesem Boden bringen Sie eine zigarettendicke Öffnung
an; eine Zigarette; ein Thermometer

Verlauf:

– Legen Sie den Zylinder einige Stunden in den Kühlschrank.
Um durchsichtig zu bleiben, darf sich kein Reif absetzen.
– Hängen Sie danach das Thermometer so in den Zylinder,
daß Sie von außen in unterschiedlichen Höhen die Tem-
peratur ablesen können.
– Stecken Sie eine glimmende Zigarette durch die kleine
Öffnung im Zylinder. Sie werden überrascht sein, was
geschieht!

Anmerkung:

Der Rauch simuliert im Kleinen all die Abgase aus Schornstei-
nen und Auspuffen. Er erwärmt die Luft im unteren Teil des
Zylinders. Im oberen Teil bleibt die Luft kalt und bildet eine
Sperrschicht, die den Rauch nicht hochsteigen läßt.
Viele Anregungen zum Gestalten Ihrer Umwelt enthält die
vom Umweltbundesamt in Berlin herausgegebene Broschüre
„Naturschutz beginnt vor der Haustür!"

Der Schutz der Umwelt beginnt vor u n d hinter der eigenen Haustür!

Weniger fahren – Schadstoffe sparen!

Es gibt für uns nur diese eine Erde

Wer mit Kindern lebt, weiß, wie fasziniert sie immer wieder von dem sind, was das Leben entstehen läßt. So stellt sich eine Neunjährige aus der Großstadt ein Feuchtbiotop vor.

Weniger kann mehr sein !

Es war ein Tag wie aus dem Bilderbuch: Der Himmel zeigte sich in seinem klarsten Blau. Ein paar weiße Bettfeder-Wölkchen hingen in dieser Bläue unregelmäßig verteilt. Dazwischen stand kugelrund und strahlend, die Sonne. Wahrlich! Ein Bilderbuchtag, wie er schöner nicht sein konnte! Mit ihren Strahlen bedachte die Sonne alles, was sich ihr zeigte:

die unzähligen Bäume, die Sträucher, Stauden und Gräser, die Schwalben auf Insektenjagd und die Spatzen beim Körnerpicken;

den Meister Lampe, der im Rübenfeld nicht ausreichend Schatten fand, die Straßen, Plätze und Häuser, aber auch die parkenden Autos, die die Sonnenwärme zu Backöfen aufheizte.

Die Sonne erwärmte auch den großen Teich. Karpfen und Schleie hatten hier ihr Zuhause; ein Zuhause, das ihnen viel Platz ließ. Nur in den Ferien oder an besonders warmen Frühsommertagen kamen Kinder aus dem Dorf zum Baden. Doch wie langsam die schwammen! Da hatten nicht mal die langsamsten Karpfen und Schleien Mühe, ihnen auszuweichen.

Manchmal fuhren die Kinder mit einem selbstgebauten Floß über den Teich. Das war, als ob sich ein Schatten über die Fische legen würde. Doch, mit einer Flossenbewegung konnten sie mühelos davoneilen. So kamen Fische und

Kinder recht gut miteinander aus. Im hintersten Zipfel des Sees – das hätte ich beinahe vergessen – wuchs eine kleine Seerose. Eine Seerose, die in einem grünen Blätterboot saß und der Sonne ihre einzige Blüte entgegenreckte, um sich zu wärmen. Es ging ihr, wie man zu sagen pflegt, ausgezeichnet. Nur manchmal fühlte sie sich ein wenig allein gelassen im letzten Seewinkel. Und sie wünschte sich sehnsüchtig ein wenig Gesellschaft. Auch die Fische konnten die Seerose nicht trösten.

„Hätte ich doch bloß noch eine Blütenschwester!", seufzte sie ein über das andere Mal, „ich möchte gar zu gern sehen, wie ich wirklich aussehe. So muß ich mich mit einem Spiegelbild des Wassers begnügen."

Niemand weiß, wer den Wunsch der Seerose erhörte. Eines Morgens schwamm gar nicht so weit entfernt eine zweite Rose auf dem Wasser. Sie glich ihr wie eine Zwillingsschwester.

Da war die Freude groß! Und als die neue Rose sogar verkündete, daß am nächsten Morgen zwei neue Blüten auf Blätterbooten hinzukämen und jeden Tag danach sich ihre Zahl verdoppeln würde, da war die Freude grenzenlos. So viele Geschwister und nie mehr allein sein! Was konnte es Schöneres geben!

Und so geschah es! Jeden Tag verdoppelte sich die Zahl der Seerosen. Jeden Tag bedeckten sie ein Stück mehr von der Seeoberfläche. Es dauerte volle 29 Tage bis die Rosen die Hälfte des Sees eingenommen hatten.

Dieser Tag war wieder wie ein Bilderbuchtag mit blauem Himmel, weißen Wolken und einer strahlenden Sonne. Mit Karpfen und Schleien und vielen Kindern. Niemand störte sich an den zahllosen Seerosen. Schien doch eine Ewigkeit vergangen, seit sich zur ersten Seerose eine zweite gesellt hatte.

Keiner dachte an morgen und daran, etwas gegen dieses grenzenlose Ausbreiten der Seerosen zu unternehmen. Warum sollte man auch? Es gab ja noch so viel freies Wasser! Die Kinder hatten noch genügend Platz zum Schwimmen und zum Paddeln mit ihrem Floß. Den Karpfen und Schleien war es auch recht. Die Wolken zogen sowieso Tag für Tag zu anderen Welten. Und die Sonne war ebenfalls rundum zufrieden. Konnte sie doch so viele Blüten morgens aufwecken und auch das Wasser für alle ausreichend wärmen.

Dann kam der nächste Morgen, der 30. Tag. Mit ihm begann das große Klagen. Was war geschehen?

... wachsen eben nicht in den Himmel!

Die Zahl der Menschen auf der Erde hat in den vergangenen 100 Jahren enorm zugenommen. Waren es um 1900 noch etwa 1,5 Milliarden, sind es heute bereits über fünf, und in wenigen Jahren werden es sechs und sieben Milliarden sein. Die Bevölkerung ist so stark angestiegen, weil wir die Lebensbedingungen verbessert haben und Impfstoffe uns vor gefährlichen Krankheiten schützen. Niemand kann sagen, wo wir unsere Grenzen finden werden. Nur eins wissen wir: Keine Art kann sich grenzenlos vermehren, sozusagen in den Himmel wachsen. Irgendwann stellt sich ein Fließ-Gleichgewicht ein, wie die Ökologen sagen.

Im Fernsehen können wir miterleben, wie Menschen als Nomaden von einem Gebiet in ein anderes wandern, weil das Nahrungsangebot ihres Lebensraumes nicht ausreicht. Auch bei uns ist es nicht anders. Wenn Sie in einer anderen Gemeinde arbeiten oder Ihre Kinder an einem anderen Ort eine weiterführende Schule besuchen, haben Sie ähnliche Gründe für Ihr Verhalten.

In der Natur gehören Wanderungen zum Leben vieler Tierarten. Sie wechseln zwischen Sommer- und Wintergebieten. Sie wandern aber auch zwischen dem Raum, wo sie auf die Welt gekommen sind und dem, wo sie später leben. Dabei sind sie zahllosen Gefahren ausgesetzt. Nur ein kleiner Teil der Jungtiere erreicht das Ziel. Die anderen kommen um oder werden gefressen. Auf diese Weise findet eine natürliche Begrenzung statt. Auch Streß begrenzt das Wachstum des Bestandes. Natur schützt sich so vor Übervermehrung!

Gut erforscht und allgemein bekannt sind die Wanderungen von den Erdkröten vom Laichgewässer zu einem nahe gelegenen Wald, wo sie überwintern. Straßen sind dabei ein gefährliches Hindernis. Zahlreich sind die Freßfeinde. Nach drei Jahren kehren die Überlebenden zum Laichgewässer zurück. Diese Wanderung und die Gefahren wollen wir in einem Spiel nachahmen.

Absicht:

In einem Spiel erleben Sie und die Kinder
- wie natürliche Einflüsse und vom Menschen verursachte Eingriffe den Bestand einer Art beeinflussen;
- wie sich normalerweise ein „Fließ-Gleichgewicht" einpendelt;
- was geschieht, wenn eine Art keine natürlichen Feinde mehr hat.

Material:

ein ca. vier Meter langes Springseil; 100 Karten, Kugeln oder Plättchen als „Nahrung"; Karton; Stöckchen zum Abgrenzen des Spielfeldes

Ort:

Spielplatz, gemähte Wiese

Zeit:

ca. 30 Minuten

Teilnehmer:

mindestens 12 bis 14, höchstens 25 bis 30

Vorbereitung:

– Einrichten des Spielfeldes (s. Abb. S. 112)
– Informieren der Kinder über die Wanderung der Erdkröte
– Vereinbaren der Regeln und Verteilen der Rollen

Verlauf:

– Zwei Teilnehmer bewegen das Sprungseil. Bei kleinen Gruppen kann der zweite Seilschwinger durch einen in den Boden gerammten Stock ersetzt werden. Dieses Hindernis stellt die Gefahren für die Kaulquappen dar. „Kaulquappen", die vom Seil getroffen werden, „sterben". Im Spiel dürfen sie als Teil des Krötentunnels wieder mitmachen. Das gleiche gilt für jene, die das Hindernis nicht überwinden können. Wenn die letzte Kaulquappe das Hindernis überwunden hat, kann der Seilschwinger selbst als Jungkröte mitmachen.
– Ein Teilnehmer stellt unterhalb des Hindernisses eine Ente dar, die junge Kröten auf dem Weg zum Wald fängt. Die Kröten müssen mit beiden Händen gefangen und zu der Stelle gebracht werden, wo der Krötentunnel gebaut wird. Auch sie werden Teil des Tunnels.
– Ein Teilnehmer simuliert einen Fischreiher oder Storch, der auf Beute wartet. Er stellt einen Fuß in eine Schachtel, um seine Beweglichkeit etwas einzuschränken. Alle übrigen Teilnehmer sind Kaulquappen und danach Kröten.
– Der Lebensraum wird von den Kröten dreimal durchquert. Jede Querung bedeutet ein Lebensjahr. Jedes Mal nimmt die Kröte Nahrung auf (Plättchen/Kugeln/Karten).
– Wenn eine Kröte drei Gegenstände aufgenommen hat, macht sie sich auf den Weg zu ihrem Laichgewässer. Vor dem Ziel muß sie eine Straße hüpfend überqueren. Hier läuft

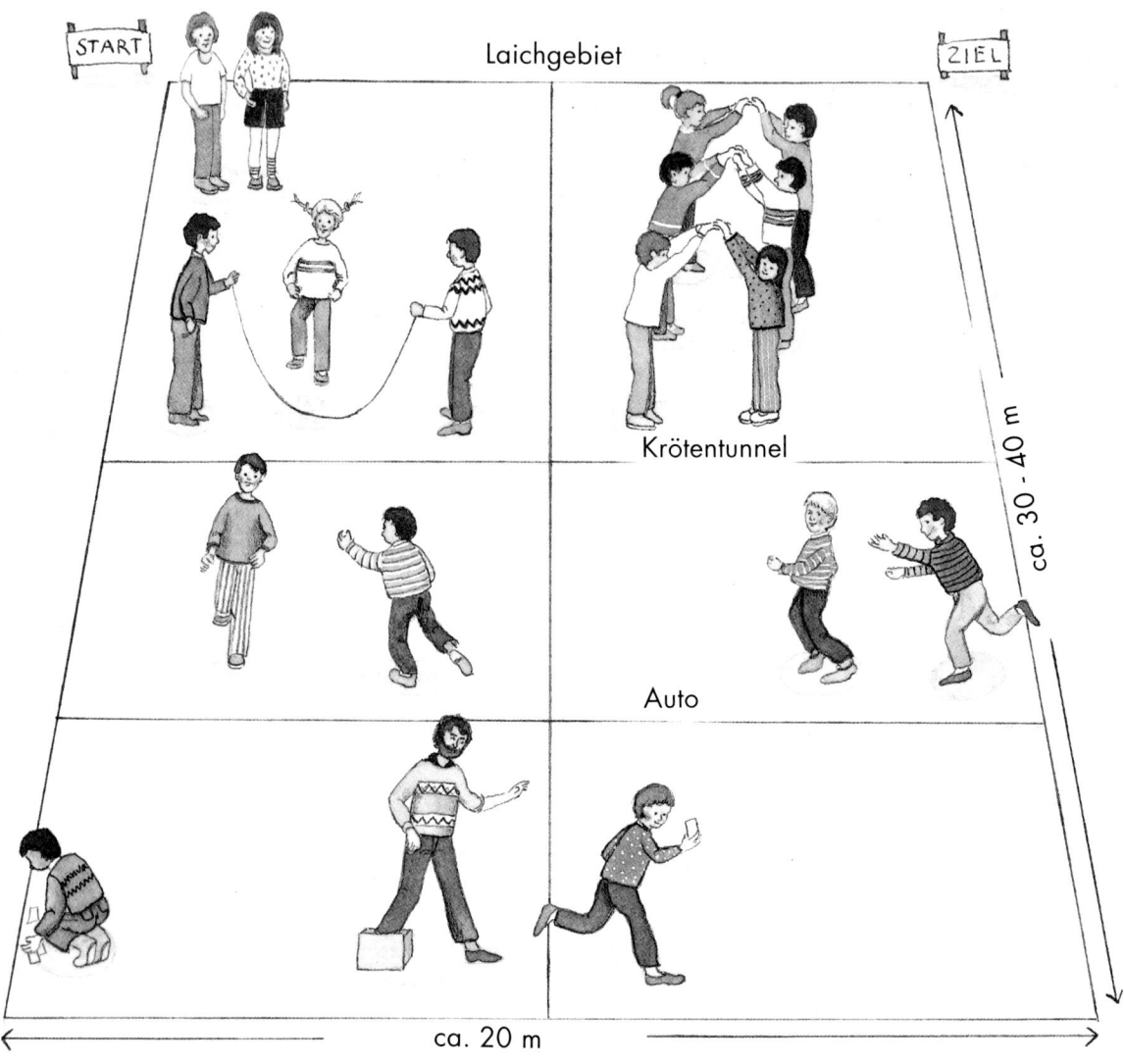

ein Teilnehmer (Auto) hin und her und überfährt (fängt) das eine oder andere Tier.

– Die restlichen Tiere kommen durch einen Krötentunnel zum Laichplatz.

– Das Spiel ist zu Ende, wenn alle Kröten gefangen sind oder ein Teil von ihnen die Laichgründe erreicht.

Anmerkungen:

– Bei Großgruppen von über 20 Teilnehmern ist die Zahl der Fänger zu verdoppeln.

– Wer gefaßt ist, darf sich nicht losreißen!

– Gefangene und gefressene Kaulquappen und Kröten müssen vom Fänger an den Rand des Spielfeldes oder zum

Krötentunnel gebracht werden. Dies gibt den anderen eine reale Überlebenschance.

– Um die ausgeschiedenen Teilnehmer zu aktivieren, bilden diese einen Krötentunnel, durch den die überlebenden Tiere hindurchkriechen können, statt eine stark befahrene Straße queren zu müssen.

Frösche und Kröten sind wie der Mensch Teil eines Ganzen!

Auswertung:

Setzen Sie sich in einen Kreis und lassen Sie alle erzählen, wie sie sich in ihrer Rolle gefühlt haben. Wo soll etwas verändert werden? Versuchen Sie herauszuarbeiten, daß der Bestand aller Lebewesen – nicht nur der der Erdkröte – von begrenzenden Faktoren beeinflußt wird. Durch starke Eingriffe des Menschen werden die Lebensbedingungen verändert, die Gefahren für Pflanzen und Tiere vermehrt und der Bestand vieler Arten gefährdet.

Variante:

In einem weiteren Spiel werden die bestandsregelnden Faktoren (Freßfeinde, Hindernisse) bis auf einen beseitigt.

Auswertung:

Was hat sich gegenüber dem ersten Spiel für die Erdkröten verändert? Die Folgen werden offensichtlich, wenn fast alle Tiere ihr Ziel erreichen und sich vermehren können. Wissenschaftler sprechen dann von einem sehr starken (exponentiellen) Wachstum. Auch der Mensch hat einen Teil seiner natürlichen Feinde beseitigt.

Tip: Für Kinder gibt es im allgemeinen keinen Tag, an dem sie nicht ins Freie möchten. Wenn es aber ganz toll regnet, dann könnte es reizvoll sein, gemeinsam ein Würfelspiel zum Thema „Frösche und Kröten leben gefährlich" zu entwickeln. Es kann auch ein anderer Titel sein: Z.B. „Schlaufuchs und Stachelhaut", ein Familienspiel ab ca. 6 Jahren, zu beziehen über den Ökotopia Spielevertrieb und Verlag, Hafenweg 26, D-4400 Münster.

Hilfe für Amphibien

– Wenig befahrene Straßen zur Laichzeit für den Verkehr sperren;
– An verkehrsreichen Straßen Amphibienzäune aufstellen;
– Wertvolle Laichgewässer unter Schutz stellen;
Naturschutz-Jugendgruppen sind schon lange in dieser Richtung aktiv. Fragen Sie beim BUND oder beim DBV nach und machen Sie mit.

Was ein paar Tritte abseits des Weges anrichten können! Bald ist die Vegetation zerstört. Dann hat das Wasser leichtes Spiel.

Warum geht die Saat nicht auf? Oder: Wie der Boden stirbt

So ein Unsinn, werden Sie vermutlich denken. Auf Boden kann ich wandern und herumtreten, ich kann mich darauf setzen oder ihn umgraben. Aber wie kann Boden sterben? Es fängt ganz harmlos mit dem Herumtreten an: Der einzelne Wanderer zertritt ein paar Grashalme und hinterläßt Fußspuren. Ein, zwei Tritte belasten wenig. Das Problem liegt in der Wirkung vieler Schritte. Das können Sie in jedem städtischen Park feststellen, wenn Fußgänger abkürzen und sich einen eigenen Weg schaffen. Haben Sie sich mal mit Ihren Kindern einen solchen Pfad unmittelbar nach einem kräftigen Regen angeschaut?

Jeder Tritt preßt den Boden zusammen, verdichtet ihn, zerstört seine groben Poren. Ein solcher Boden hat weniger mit Luft gefüllte Zwischenräume. Das für die Fruchtbarkeit so wichtige Leben wird dadurch gestört und beeinträchtigt.

Auch die Fähigkeit, Wasser zu speichern und weiterzuleiten, wird eingeschränkt. Die Wurzeln vieler Pflanzen haben es dann sehr schwer, in einen solchen Boden einzudringen und dort zu atmen.

Was für den Abkürzungspfad im Park im kleinen gilt, das trifft im großen für Äcker und Wiesen zu. In der Nähe von Badeseen müssen im Sommer häufig Wiesen als Parkplätze herhalten. Das bleibt nicht ohne Folgen, wie Ihnen ein Vergleich mit einer normal genutzen Wiese zeigt. Gleiches gilt für das Parken an Waldrändern, für den Campingplatz und für die Skipiste. Auch die immer größer und immer schwerer gewordenen Landmaschinen und die immer breiteren Reifen drücken den Boden zusammen, zerkneten und verschmieren ihn. Es dauert Jahre, bis Frost und Bodentiere den Boden wieder aufbereitet haben.

Werden wir den Boden im doppelten Sinne des Wortes „kleinkriegen"?

Absicht:

Mit Hilfe von Versuchen können Sie Kindern in der Natur langsam ablaufende und daher kaum erkennbare Vorgänge sichtbar und verständlich machen. Sie lernen dabei verstehen, daß Boden sehr empfindlich auf Eingriffe des Menschen reagiert.

Versuch : Dicht – dichter – tot?

Material:

Drei gleich große Plastikgefäße (kleine Eimer) von mindestens 20 Zentimeter Höhe; für alle Gefäße Ackerboden der gleichen Art; Hammer zum Verdichten des Bodens; Gefäß mit Maßeinteilung; Blumengießkanne mit Brausekopf; Wasser; Meßband; 300 Rapssamen; Einmachglas oder Plastikschale mit Gaze zum Zudecken

Ort:

Terrasse, Balkon, Fensterbank

Zeit:

ein bis zwei Wochen

Verlauf:

– Lassen Sie alle Gefäße in gleicher Höhe mit Erde füllen.
– Dann wird die Erde in Gefäß 1 und 2 so fest wie möglich gestampft (verdichtet).

– Von Gefäß 2 „eggen" Sie die Oberfläche mit einer Gabel vorsichtig 3 - 4 cm tief.

– Im Gefäß 3 wird die Oberfläche nur glatt gestrichen, nicht verdichtet.

– Lassen Sie Ihre Kinder alle Gefäße langsam und gleichmäßig mit der gleichen Wassermenge begießen (1/2 Liter). Was geschieht?

– Säen Sie dann in jedes Gefäß eine bestimmte Zahl von Rapssamen (50 bis 100) möglichst gleichmäßig verteilt aus. Drücken Sie die Samen mit einem Hölzchen leicht in den Boden ein und streichen Sie die Oberfläche glatt.

– Stellen Sie die Gefäße auf die Fensterbank und beobachten Sie, was geschieht. Nichtvorgekeimte Samen brauchen in der Regel vier bis fünf Tage, ehe die Keimspitzen aus der Erde herauswachsen.

Wie man Samen vorkeimen läßt:
Wenn Sie den Samen vorkeimen lassen, verkürzen Sie die Versuchszeit beträchtlich.

– Streuen Sie die benötigte Anzahl von Samen in ein Gefäß (Einmachglas, Plastikschale) mit lauwarmem Wasser. Nach einer Stunde wird das Wasser durch ein Sieb abgegossen. Bedecken Sie dann das Gefäß mit Gaze und stellen Sie es an einen dunklen, kühlen Platz.

– Am nächsten Tag schütten Sie nochmals lauwarmes Wasser zu, schütteln das Gefäß und gießen das Wasser ab. Stellen Sie dann das Gefäß für einen weiteren Tag an den kühlen Platz zurück.

Während im Gefäß 3 das Wasser sofort versickerte, stand es im Gefäß 1 noch 20 Stunden später zentimeterhoch. Im Gefäß 2 war das Wasser versickert, doch die Oberfläche noch sehr feucht. Das Foto wurde 14 Tage danach gemacht.
Das Ergebnis spricht für sich!

– Es dauert einige Tage, bis die Körner keimen. Um die Keimspitzen beim Aussäen nicht zu beschädigen, empfiehlt es sich, die Körner schon v o r dem Aufsprengen der Schale auszusäen.

Im lockeren und durchlüfteten Boden versickert das Regenwasser, es findet Platz in den Hohlräumen.
Den Pflanzen bleibt ausreichend Raum, ihre Wurzeln zu entwickeln.
Im verdichteten Boden dagegen staut sich das Wasser häufig bis an die Erdoberfläche.
Der durchnäßte und kalte Boden behindert das Wachstum.

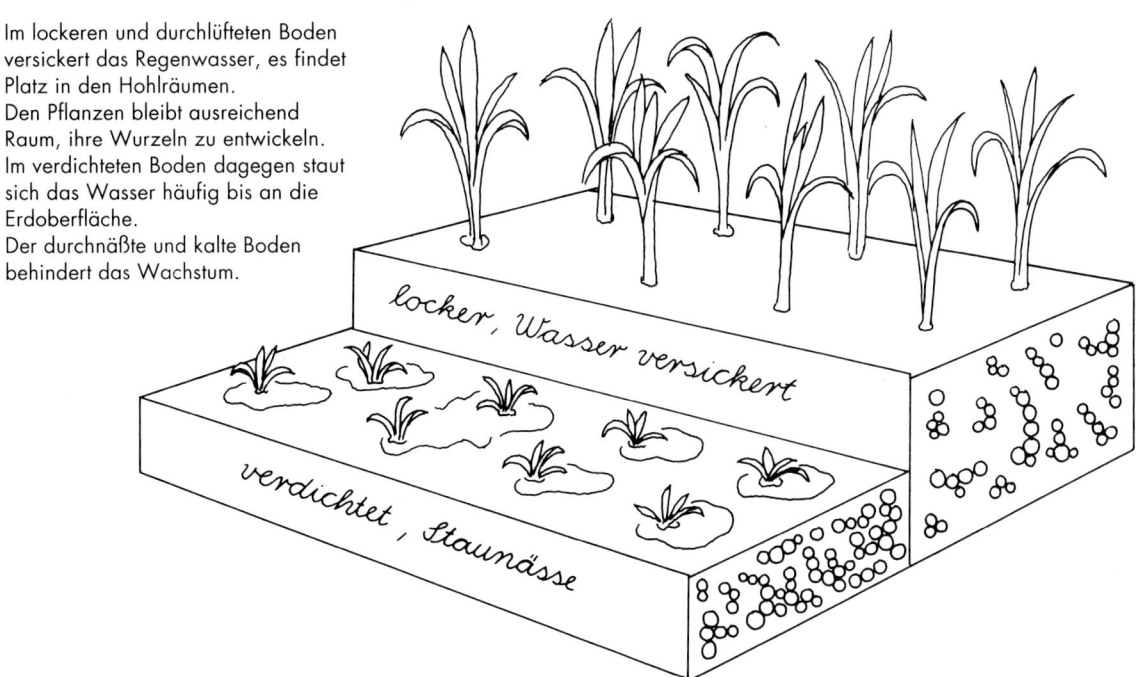

Ein Öko-Picknick – weg mit den Hüllen!

In der Bundesrepublik gibt jeder Bürger jährlich fast 500 Mark für Verpackung aus: für Folien und Schäume, für Dosen, Schachteln, Schalen, Becher, Tüten, Tuben und Flaschen. In den Medien hören wir immer wieder von den Problemen, die wir damit verursachen: Müll muß immer weiter tranportiert werden; man spricht sogar schon von „Müll-Tourismus". Viele Deponien haben die Grenzen ihres Fassungsvermögens erreicht. Altdeponien werden zur Langzeitbedrohung für lebenswichtiges Grundwasser.
Die Müllberge wachsen. Keiner will sie haben. Da wir alle daran beteiligt sind, kann und müßte auch jeder etwas gegen die Müllawine tun. Ein „Öko-Picknick" wäre ein möglicher Einstieg. Versuchen Sie sich doch mal als „Anti-Müller".
Viele benutzen Wegwerfgeschirr für Picknicks und andere Gelegenheiten, um sich das Abwaschen zu ersparen. Es ist so einfach: ab in den nächsten Abfallbehälter, und getan ist die Arbeit und weg der Müll. Aber ist er wirklich weg?

Auch Plastikbestecke lassen sich säubern, wenn Sie nicht Ihr gutes Silber mitnehmen wollen. Aber warum eigentlich nicht? Es zerbricht nicht so leicht. Plastik und Natur – sträubt sich da nicht etwas in uns? Für eine kleine Mehrarbeit können wir der Umwelt eine Menge Gutes tun. Fangen Sie mit der ganzen Familie an, weniger Abfall zu machen! Planen Sie gemeinsam ein Picknick mit möglichst wenig oder ganz ohne Abfälle.

Absicht:
Für sich selbst, für die Familie und Freunde eine zur Alltäglichkeit gewordene Angewohnheit ändern.

Material:
Übliches an Essen, Getränken und Geschirr für die Fahrt ins „Grüne". Zusätzlich: Müllsäcke oder Eimer für leere Dosen, Flaschen und Essensreste mit Aufschrift; topographische Karte 1:25.000 des Wohngebietes oder Stadtplan

Ort:
Grillplatz, den viele Städte und Gemeinden auch mit Spielgeräten für Kinder ausgestattet haben. Diese Anlagen eignen sich ganz besonders für ein Fest oder einen Familienausflug.

Teilnehmer:
Möglichst mehrere Familien oder Vereinsausflug; eine Jugendgruppe oder die Schulklassse Ihres Kindes, die Sie an einem Wandertag mitbetreuen.

Verlauf:
Nehmen Sie irgendein Fest oder einfach ein sommerwarmes Wochenende zum Anlaß, mit Freunden ins „Grüne" zu fahren, um ein Picknick zu veranstalten.
Stellen Sie die mitgebrachten Müllsäcke/Eimer auf und bitten Sie alle, die Abfälle sortiert in diese Behälter zu werfen. Vielleicht stutzt der eine oder andere und fragt, was das soll. Sie sagen dann, daß Sie mal feststellen möchten, was da so zusammenkommt. Deshalb sollte auch kein Müll in die von der Gemeinde aufgestellten Abfallbehälter geworfen werden.
Bevor Sie den Picknickplatz verlassen, sprechen Sie mit den Teilnehmern über die angefallene Müllmenge und was damit geschehen soll. Warum nicht in die eigene Mülltonne kippen?
Auf jeden Fall sollten Sie Ihre Freunde überreden, möglichst

Abfallbehälter – eine gute Idee, obgleich keine billige Lösung für den Steuerzahler. Gehört der Behälter an einen Platz, den die Müllabfuhr nicht erreicht?
Muß es wirklich so aussehen? Ihnen und Ihren Kindern fällt hierzu sicherlich etwas ein.

Natur kennt keine Abfälle!

bald ein Picknick mit so wenig Abfall wie möglich – ein Öko-Picknick – zu organisieren. Ob sie es schaffen, ohne Papierservietten, Pappteller, Plastikbestecke, Getränketüten und -dosen auszukommen?

Überlegen Sie gemeinsam, wo und wie Sie Müll vermeiden oder vermindern können. Sie befinden sich dann in guter Gesellschaft, denn 57 Prozent der Bundesbürger meinen laut „Umweltbarometer", das sei hauptsächlich Sache der Verbraucher.

Umsetzbare Ideen sollten prämiert werden. Lassen Sie sich hierzu etwas Lustiges und Umweltfreundliches einfallen.

Einfälle – statt Abfälle!

Je mehr wir Rohstoffe wiederverwenden, desto mehr befinden wir uns in Harmonie mit der Natur.

Ein kleines Quiz gefällig?

Wie können Sie Orangenschale in Erdbeeren umwandeln, wie eine Bananenschale in einen Fußball? (Orangenschalen kompostieren und mit Komposterde die Erdbeeren düngen; Bananenschalen an Schweine verfüttern.)

Wie wäre es mit einem lustigen und umsetzbaren Ideenwettbewerb?

Aktion kleine Mülltonne

Fast jeder Haushalt hat eine eigene Mülltonne. Mitunter können Sie unter verschiedenen Größen wählen. Bedenken Sie: Kleine Mülltonnen sollten auch weniger kosten. Wenn es in Ihrer Gemeinde anders ist, werden Sie mit den Nachbarn bei Ihren Gemeindevertretern aktiv.

Eine Gemeinde im Rhein-Main-Gebiet hat sich eine interessante Anti-Müll-Aktion einfallen lassen. Jeder Haushalt kauft 52 Wochenmarken für die Mülltonne. Wenn die Tonne voll ist, wird die Wochenmarke aufgeklebt. Ohne Marke wird nicht entleert.

Wenn die Tonne noch nicht voll ist, kann man eine Woche länger warten. So kann auch die Urlaubszeit ausgespart werden. Übriggebliebene Marken werden für das nächste Jahr angerechnet.

Ihr Geldbeutel freut sich. Mit dem eingesparten Geld können Sie das Taschengeld derjenigen aufbessern, die mitdenken und mithelfen.

Es gibt zahlreiche Möglichkeiten, Müll zu verringern:
– Lassen Sie Doppelt- und Dreifach-Verpacktes im Regal stehen. Sie werden staunen, wie schnell der Supermarkt reagiert, wenn andere Kunden sich ebenso verhalten.
– Lassen Sie Omas Einkaufstasche wieder zu Ehren kommen. Es gibt auch modische.
– Wenn Sie entrümpeln, muß nicht alles zum Sperrmüll. Vielleicht haben andere Leute dafür Verwendung. Versuchen Sie es doch mal beim nächsten Flohmarkt. Was Sie dabei loswerden, bringt ein paar Mark, weniger Müll und paar Stunden mit ganz anderen Erfahrungen und Kontakten. Auch Kinder lassen sich dafür begeistern.

Eine Karte der Mülleimer?

Mit Abfallbehältern wollen die Gemeinden verhindern, daß die Bürger ihre Abfälle einfach in die Landschaft werfen. Doch nicht immer werden diese Behälter rechtzeitig geleert. Wie sieht es in der Flur Ihrer Gemeinde, in Ihrem Stadtviertel aus? Im Atlas gibt es viele bunte Karten. Eine Karte der Abfallbehälter Ihrer Gemeinde ist mit Sicherheit nicht dabei. Eine solche Karte kann nützlich sein, wenn Sie etwas verändern wollen. Auf einer Erkundung mit dem Fahrrad am Wochenende schaffen Sie es leicht. Sie stellen dabei fest,
– wo ein Behälter überflüssig ist, weil kaum jemand diesen Platz aufsucht, und der Behälter leer bleibt.

Von der müllarmen Famile zur müllarmen Gemeinde!

Sich kümmern – nicht nur konsumieren!

– wo ein Behälter fehlt, weil beispielsweise bei einer Sitzbank viel Abfall liegt.

Schieben Sie die Verantwortung fürs Entleeren und Aufstellen nicht einfach auf die Gemeinde. Denn: Die Gemeinde sind auch Sie.

Sie können auf unterschiedliche Weise aktiv werden. Fragen Sie zuerst die Kinder, was sie vorschlagen und verwirklichen würden. Sie sollten sich auch mit dem zuständigen Gemeindevertreter absprechen, wenn Sie die Verantwortung für einen Rastplatz übernehmen, der von der Müllabfuhr nicht erreicht wird.

Für Kinder ist ganz wichtig zu erfahren, daß man zusammen mit anderen sehr wohl etwas verändern kann. Sich kümmern und nicht nur konsumieren. Und nichts ist ansteckender als der Erfolg!

Erde, gute Erde

aus: RPA, Heft 1, 1978, S. 39, TEXT UND MELODIE: CHR. HAARPAINTNER

Anhang
Stiftung Natur

In unserem Alltag erleben wir dauerhaft eine „Kunstlandschaft". Wir bezeichnen sie als „Kulturlandschaft" . Sie steht im Gegensatz zur Natur, die ehemals da war.
Wie sollen wir uns aber engagieren und Kinder für eine natürliche Landschaft interessieren, wenn wir Natur nur vom Hörensagen oder vom Bildschirm kennen?
Wir brauchen Natur zum Leben. In der Bundesrepublik sind nur 1,2 Pozent des Landes als Naturschutzgebiete ausgewiesen. Zehnmal so groß dagegen sind die mit Verkehrswegen, Wohnhäusern und Industrieanlagen verbauten Flächen.
Es gibt keinen Zweifel: Ein ausgedehntes Netz von Schutzgebieten, von Naturinseln ist notwendig als Überlebensraum für Tiere und Pflanzen und letztlich für den Menschen.
Dieses Wissen sollte uns zu gemeinsamem Handeln verbinden. Wir sollten der Natur ein wenig von dem zurückgeben, was wir ihr seit Menschengedenken genommen haben.
Jeder von uns sollte das auf seine Weise tun: Das kann ein Stück Vorgarten oder Garten sein, dessen Gras Sie nur ein- oder zweimal im Jahr mähen. Das kann ein Gehsteig sein, dessen Plattenritzen nicht mehr mit Gift oder Messer grünfrei gehalten werden. Das umschließt die Feldrainaktion von Landwirten, die einen Streifen am Wegrand oder Bachufer weder bestellen noch besprühen.
Das kann aber auch ein Stück Land sein, das man stiftet oder vererbt, um ein Naturschutzgebiet zu vergrößern.
Eine Vision? Vielleicht! Doch: Was ist alles im Laufe der Geschichte aus Schenkungen entstanden! Sie könnten auch zu Naturschutzgebieten und Nationalparks werden, in denen Natur als eine Lebensgrundlage auch für weitere Generationen erhalten bleibt.
Steuerfreie Landstiftungen würden der Natur, der ganzen Erde und damit dem Wohl aller dienen. Eine solche Aktion, getragen von den Naturschutzverbänden, wäre auch ein Schritt hin zu einer ökologisch orientierten Experimentier-Demokratie. Daran sollten wir alle mitarbeiten, damit NATUR heute und morgen entdeckt, erfahren, erlebt, verstanden und erhalten werden kann.

Wir brauchen viele, die etwas für ihre Umwelt tun!

Wir haben nur eine Erde!

Adressen und Lesetips

Einrichtungen und Organisationen zur Umwelterziehung

B.U.N.D.:
Bund für Umwelt- und Naturschutz in Deutschland:
Kontakt über Orts- und Kreisverbände

DBV:
Deutscher Bund für Vogelschutz: Kontakt über Orts- und
Kreisverbände

DNR:
Deutscher Naturschutz-Ring: PF 320210, 5300 Bonn 3

DUA:
Deutsche Umwelt-Aktion: Heinrich-Heine-Allee 23,
4000 Düsseldorf 1

Naturschutzzentrum Hessen:
Friedenstr. 38, 6330 Wetzlar

Naturschutzzentrum Nordrhein-Westfalen:
Leibnitzstr. 10, 4350 Recklinghausen

SDW:
Schutzgemeinschaft Deutscher Wald:
Kontakt über Orts- und Kreisverbände

Umweltbundesamt:
Bismarckplatz 1, 1000 Berlin

Umweltstiftung WWF-Deutschland:
Hedderichstr. 110, 6000 Frankfurt/M.

WWF:
World Wildlife Fund-Lehrerservice, PF, CH-80337 Zürich

In den Bundesländern bestehen zahlreiche regionale Einrichtungen. Ihre Anschriften teilen u. a. mit:
– das Umweltministerium,
– die Orts- und Kreisverbände des B.U.N.D., des DBV und
der SDW.
Für Großeltern, Eltern und Kinder sind insbesondere jene
Schulbiologie-Zentren interessant, die Aktivitäten für Familien
anbieten.

Verschiedene Verbände des Deutschen Jugendherbergs-
werkes haben sog. „Umwelt-Jugendherbergen" eingerichtet.
Gruppen wie Einzelwanderer haben hier Gelegenheit zu um-
weltbezogenen Aktivitäten. Auskünfte erteilen die Geschäfts-
stellen der DJH-Landesverbände:

– Baden:
Weinweg 43, 7500 Karlsruhe 1

– Bayern:
Mauerkircherstr. 5, 8000 München 80

– Berlin:
Tempelhofer Ufer 32, 1000 Berlin 61

– Hannover:
F.-W.-Fricke Weg 1, 3000 Hannover 1

– Hessen:
Stegstr. 33, 60000 Frankfurt/M. 70

– Nordmark:
Rennbahnstr. 100, 2000 Hamburg 74

– Rheinland:
Düsseldorfer Str. 1, 4000 Düsseldorf 11

– Rheinland-Pfalz/Saarland:
In der Meielache 1, 6500 Mainz 1

– Schwaben:
Urachstr. 37, 7000 Stuttgert 1

– Unterweser-Ems:
Woltmershauser Allee 8, 2800 Bremen

– Westfalen-Lippe:
Eppenhauser Str. 65, 5800 Hagen 1

Wichtige Bücher zur Umwelterziehung

Bachmann, H., Vortisch, S., Saure Zeiten – Viel Theater mit
der Umwelt; Münster 1989, Ökotopia Verlag.

Breucker-Rubin, A., Rubin, D., Umweltspielekartei -
Spielideen und Gestaltungsvorschläge für Kinder ab 3
Jahren; Münster, Ökotopia Verlag.

Bücken, H., Kimspiele; Spiele zum Sehen, Schmecken,
Riechen, Tasten, Hören und Denken; München 1984

Cornell, J.B., Mit Kindern die Natur erleben;
Oberbrunn 1979. Spielend sich als Teil der Umwelt erleben.

de Haan, G., Ökologie-Handbuch Grundschule; Weinheim 1989. Zahlreiche Aktivitätsvorschläge für den Unterricht.

Greisenegger, I. u. a., Umweltspürnasen: Aktivbuch „Tümpel und Teich"; Wien 1989. Tips zum Experimentieren, Forschen und Beobachten.

Hoffmann, W. u. a., Das Umwelt-Spiele-Buch; Münster Ökotopia-Verlag. Ein Spielebuch für ältere Kinder.

Knirsch, R. R., Unsere Umwelt entdecken. Experimente und Spiele für Eltern und Kinder; Ökotopia 1991.

Knirsch, R. R., Umwelterziehung in den USA. Einführung und Dokumentation mit Folgerungen für die Umwelterziehung in der BRD; Campus 1986. Für alle, die über den bundesdeutschen Horizont hinausschauen möchten.

Knirsch, R. R., Die Erkundungswanderung. Theorie und Praxis einer aktivierenden Form für Unterricht und Freizeit; 148 S. (Nur beim Verf. erhältlich: DM 8,– einschl. Porto)

Kuhn, K. u. a., Biologie im Freien; Stuttgart 1986. Aktivitäten zum Verständnis biologischer Fragen in der Umwelt.

Salehian, F., Hoffmann, W., u. a., Umwelt im Spiel; Münster 1988, Ökotopia Verlag. Naturerfahrungsspiele, Rollenspiele, Mitmachaktionen.

Schächter, M., Mittendrin. Die Erde hat kein dickes Fell. Begleitbuch zu einer Fernsehserie mit Peter Lustig.

natur: Monatszeitschrift mit Beiträgen zu aktuellen Umweltfragen.

Jugendbuchverlage haben zahlreiche Bücher für Kinder und Jugendliche veröffentlicht. Eine Fundgrube für Umweltbücher und Umweltspiele bietet der Katalog des Ökotopia Verlags, Hafenweg 26, 4400 Münster.

Geräte und Materialien

Nicht alles werden Sie in Ihrem Haushalt finden. Manches müssen Sie sich in einem Geschäft für Laborbedarf besorgen. Sie können sich auch an eine Lehrmittelfirma wenden, beispielsweise an Mauer Didaktische Medien, Hofheimerstr. 63, 6238 Hofheim/Ts. Die Öko-Waage (S. 33) baut und liefert W. Dahmen, Lohrbach Weg 6, 5353 Mechernich.

Rudolf R. Knirsch, Lehrbeauftragter an der J.W. Goethe-Universität in Frankfurt/M. und Mitglied des Pädagogischen Beirates des Naturschutzzentrums Hessen in Wetzlar, hat sich seit vielen Jahren der Umwelterziehung verschrieben. Er hält Vorträge zur Umwelterziehung in der BRD, in Österreich, Italien und in den USA. Sein Buch „Umwelterziehung in den USA" erhielt den „Förderpreis Umweltschutz 1986" der Goethe-Universität. Knirsch veröffentlichte 1988 „Unsere Umwelt entdecken" mit Anregungen für Eltern und Kinder zu aktiven Umweltbegegnungen.

Ökotopia
Spiele- und Buchversand

Der Fachversand und -verlag für umwelt-
und spielpädagogische Materialien

Umweltspiele, Bewegungsspiele, Brettspiele, Kooperative Spiele, Spiele in Gruppen, Lernspiele

Fordern Sie unseren kostenlosen
Versandkatalog an:

Ökotopia
Spielevertrieb und Verlag
Hafenweg 26
D-4400 Münster
Tel.: (02 51) 66 10 35 Fax: 6 38 52

Die Umwelt braucht Partner

denn für eine lebenswerte Zukunft unserer Kinder tragen wir alle die Verantwortung.

„Partner der Umwelt" ist eine unabhängige Aktion zur Förderung konkreter Umweltschutzmaßnahmen. Wir wollen nicht mit dem erhobenen „Umweltzeigefinger" drohen, sondern

- zum persönlichen Mitmachen beim praktischen Umweltschutz anregen,

- Engagement für die Umwelt auszeichnen und

- Partnerschaften zwischen unterschiedlichen Interessengruppen für einen gemeinsamen Schutz der Umwelt aufbauen.

„Partner der Umwelt" setzt sich z.B. für umweltfreundliche Kinder-Stuben ein, gibt Umwelttips für Urlaubstrips oder startet die Aktion „Müll minus 10%".

Info:
„Partner der Umwelt"
Rosenstraße 12
D-6333 Braunfels 5

Werden auch Sie ein „Partner der Umwelt"